809

人間が幸福になれない日本の会社

佐高信
SATAKA MAKOTO

HEIBONSHA

人間が幸福になれない日本の会社●目次

編集協力＝高瀬康志

はじめに

私が『ビジネス・エリートの意識革命』（東京布井出版、のちに徳間文庫、『企業原論』と改題して現代教養文庫）という最初の本を出したのは一九七七年秋である。まだ、『経営ビジョン』という経済誌に勤めていた時だった。

それから四十年ほどが過ぎて、改めて企業と企業人論の私なりの決定版を出そうと思ったのは、東芝の歴代社長による不正経理が発覚したことがキッカケである。株式の上場廃止になっても不思議はない粉飾決算だったが、まだ、こんなことをやっているのかと、その「変わらなさ」に私は唖然とした。依然として〝東芝藩〟であり、社長は殿様なんだなと、その封建的体質に愕然としたのである。

前掲の本を私はこう結んでいる。

「現在の企業という封建社会の中では、上司の命令に黙従する社員になることも、部下に専制権力をふるう社長になることも、同じく『精神のドレイ』になることなのだという視点に立って、ドレイ精神からの脱却を図ることが『企業人革命』の出発点であり、また到達点である」

たとえば東芝には一九七四年春に結成された秘密組織「扇会」があり、一八〇〇余名の会員でスタートした扇会のメンバーは次のような人を「問題者」として尾行したりして、その結果を「本社勤労部」に通報する。

・企業内（職場）では、行動に空白部分が多く、昼休み時、終業後の行動が見当つかない。
・就業規則等をよく知り、有給休暇、生理休暇の全面行使など、権利意識が強くなる。
・特別な理由もないのに、特定日の残業をしない。
・昇給時に、同僚の昇給を聞いて歩いたり、上司、会社の査定について職制にいろいろ問い質す。

いくつかをピックアップしたが、「問題者」を発見するためのポイントは、もっと多岐にわたる。

こうしたチェックによって正当な主張の芽を摘まれた東芝の社員が社長の専横を許すようになるのは、むしろ必然だろう。

また、その封建的体質は東芝に限らないので、他社では問題が発覚しないだけとも言えるのである。

あに、東芝のみならんや。

日本の企業には社長の専制や独走をチェックするシステムがない。しかし、社長定年制を設けながら、自らそれを破る社長も珍しくないので、システムを整備すれば十分だとも言えない。

たとえば社外取締役をふやしたりするが、彼らはほとんど社長に選ばれているのであり、田んぼの中のカカシほどにも役に立っていない例が多いのである。

それで私は、経済記者四十余年の経験から、これはと思った企業や経営者の実例を紹介し、それに学んでもらうことにした。システムや機構の整備が不要だと言うのではない。しかし、「仏つくって魂入れず」の例をあまりに多く見てきたので、個々の経営者やビジネスマンを固有名詞で挙げて、思考や実践の糧にしてもらいたいと思ったのである。

たとえばソニーの井深大やホンダの本田宗一郎、あるいは北洋銀行の武井正直などは、会えてよかったと思った経営者だった。日本では、むしろ異端とされるこうしたトップにこそ、学ぶべきだと私は思う。

日本企業の閉鎖性は日本の閉鎖性にも通じている。それをどう開くかという問題意識で私は企業と企業人論を展開してきた。その、いわば私の「卒業論文」ならぬ「卒業ドキュメント」を読者に率直に判定していただきたい。

いまは亡き横浜国大教授の岸本重陳さんは『ビジネス・エリートの意識革命』を次のように推薦してくれた。拙著の結びを引きながら、こう指摘したのである。

「このこと（企業人革命の必要性）を著者は、企業人が身を置いている諸関係の生ま生ましい描写と的確な解析とによって、説き明かしている。その切り口の鮮やかさ、そのメスの深さによって、本書を読む企業人は、自分の赤裸々な解剖図が万華鏡のように開かれていることを自覚するはずである。しかし、著者は、企業人を殺すためではなく生かす道を求めてメスをふるうのである。そのことは『ドレイ精神からの脱却』が出発点であると言うのではなく、それが同時に到達点だとする認識に明らかである。その道を企業というしくみの内と外とにつけていこうとする著者の思索は、現代で最も切実な、最も大きな課題に肉薄する迫力に溢れている」

改めて過褒に驚くばかりだが、問題意識は四十年前とまったく変わらない。いま、厚みをつけた新著を書き終えて、少しは岸本さんの特薦に応えられたかな、と思っている。

第一章　日本の経営者はなぜ無責任か

籾井のようなトップはどこにでもいる

二〇一四年一月にNHK会長となった籾井勝人が就任会見で物議を醸したことは記憶に新しい。籾井は放送法を順守していくと述べながら、「政府が右と言うものを左と言うわけにはいかない」と発言して、会見早々から放送法に対する理解のなさを露呈してしまったが、発言をたどってみると、籾井のような会社のトップの思考回路がよくわかる。

いわゆる慰安婦問題について記者から聞かれた籾井は、

「戦争をしているどこの国にもあった」

と答えた。根拠があるのかと記者が追及すると、

「従軍慰安婦が（植民地時代の）韓国だけにあって、ほかになかったという証拠がありますか」

「ヨーロッパはどこだってあったでしょう。なぜオランダにまだ飾り窓があるんですか」

と逆に質問し、個人的見解と前置きして、

「（韓国が）日韓条約で全部解決している問題を国際的に蒸し返すのはおかしい」

などと述べた。

さらに記者から、ここはNHK会長としての会見の場であり、個人的見解は通らないと

突っ込まれると、

「じゃあ、全部取り消します」

と撤回しようとした。

この就任会見の模様を見て、世間は籾井の傲慢な態度に驚いたわけだが、私から言わせると驚く方がおかしい。籾井だけが突出してひどいかのように言われるけれども、それは違う。いまの日本の会社で籾井のようなトップを探すのに苦労はしない。会社のトップというのは、ほとんどが籾井と同じといってもいいくらいなのである。

籾井で思い出すのは、一九八八年、同じように三井物産からNHK会長になった池田芳蔵である。籾井の場合は、同じく福岡が郷里の麻生太郎副総理の推薦があったと言われているが、池田の場合は、当時のNHK経営委員会の委員長が住友銀行頭取の磯田一郎で、その磯田がお仲間の池田をNHKの会長にした。彼もまた国会に呼び出されて質問され、その質問に英語で答えて九ヵ月で会長職を辞したという人である。だから、三井物産出身の二代目ということになる。

ほかの業種に比べて、商社というのは個人プレーで仕事をする面もあるから、まだ物を言う人間が社内にいるとは思うが、利口な上司なら部下の意見を受け入れることはあっても、籾井程度の上司であれば部下に絶対服従を求める。それがNHK会長になったいまも続いているということなのである。

それでは籾井の社内でのふるまいはどうか。

『毎日新聞』の夕刊（二〇一五年五月二十六日付）に掲載された「もう辞めるべきでは？　籾井会長」という特集ワイドのなかで、前ＮＨＫ経営委員長代行で早稲田大学法学部教授の上村達男氏がそれを明かしている。

私的なゴルフで使ったハイヤー代を局側に立て替えさせた問題についてＮＨＫの経営委員会が、立て替え金の支払いが終わっていないと厳重注意をしたところ、籾井が「厳重注意を受けるいわれはない」「どこに私に責任があると書いてあるのか」と言い放ったエピソードを紹介して、「チェックを受けること自体が不愉快のよう」で、「過ちを絶対に認めない」人物であるとし、就任初日に理事全員から日付欄を空白にした辞表を予《あらかじ》め提出させたことは、「気に入らないものはいつでも飛ばすという脅しにほかならない」と語っている。

続けて上村教授は、ＮＨＫ会長が傲慢にふるまえる理由をこう示す。

まず、ＮＨＫ会長には専制君主になりかねないほど権限が集中しているうえに、民間企業と違い、株主総会や株主代表訴訟の提起などのチェックが入らないこと。しかも、取締役会にあたる理事会は決定機関ではなくてただの審議機関にすぎず、極端にいえば会長は理事会の判断を無視してもかまわないことを挙げる。

日本の会社の実態を知っている者からすると、「民間企業と違い」という指摘に〝ちょっと待った〟をかけたいところだ。外部からのチェックが入らないのは民間企業でも同じだからである。民間企業の出身者だからこそ、籾井がこういう態度をとるのだと、私は言わざるをえない。籾井は三井物産の副社長までのぼり、その後、日本ユニシスの社長を務めた人だが、株主総会などでチェックが入ったことはないだろう。民間企業であっても株主総会や株主代表訴訟の提起などのチェック機能はめったに働かないというのが会社の実態だからである。

もう一つ最近の例で、籾井のようなトップがめずらしくないことを示すと、二〇一五年に起きた大塚家具のお家騒動がある。その経営方針をめぐって、従来の会員制の小売を続けようとする会長の父親と、会員制をやめて一般的な小売をめざす社長の娘が対立した。上場企業のお家騒動というと、裏で暗躍する人々がうごめいて金が動き、表に出ないのが通常だが、これはなぜか表に出た。

「私は会社の従業員ならアゴで使えるのに、うちの息子にはたばこを買ってきてくれとも言えない」という、ある会社社長の嘆きが、〝父親喪失〟という題で、『朝日新聞』のコラムに載ったことがある。

私は〝父親喪失〟よりも、「会社の従業員ならアゴで使えるのに」という前段が印象に残ったが、この騒動で一番かわいそうだったのは、会長が記者会見したときに後ろに並ばされた人たちである。記者会見場で座らされもせず、立ち並ぶ光景は哀れを誘ったが、会長は自分の方が社内を掌握していることを示すために、役員らを並ばせたのだろう。もちろん、あそこに並べと言われて拒否したらおしまいである。

社員をアゴで使えるとか、言葉で言わなくても、ピュッとアゴを動かしただけで社員が動いて当然だと社長が思っているのは、昔もいまも変わらない。

ワンマンは張り子の虎

かつて、安宅《あたか》産業という会社があった。官営八幡製鉄の指定商社として国内鉄鋼市場に強力な地盤を築いた同社を創業したのは安宅弥吉である。しかし、この優れた経営者も息子にはことのほか甘かった。小さいころ、大阪の邸宅で、息子の英一が「東京名物を食べたい」と言い出すと、弥吉は直ちに秘書に長距離電話をかけさせ、ときには飛行機でそれを取り寄せさせたといわれる。大王製紙の井川親子を彷彿とさせる話だが、この英一が長じて相談役社賓となる。

この社賓によって、一九六九年当時の社長、越田左多男は社長の座を追われた。NHK

取材班の『ある総合商社の挫折』（現代教養文庫）によれば、越田が、

「英一さん、むやみに社内人事に口をはさむのをやめてもらえないだろうか。今のように私の考えた人事がスムーズに実現しない事態が続くと、社長として責任をもった経営ができない」

と言うと、英一は、

「越田さん、あなたがそう思うなら、社長をおやめになればよいでしょう」

と返した。

その三年前に越田が社長になるとき、英一との間には「役員人事は相談するが、一般社員の人事については社長に任せる」という暗黙の了解があったというが、英一の人事介入は役員から一般社員にまで及んだ。そして、重要人事が理由もわからないままに棚ざらしにされ、それを英一に了解してもらうために、英一のほしがっている高価な陶磁器をやむをえず買うという事態になった。それは歯止めのない浪費だったが、その成果が、世にいう「安宅コレクション」である。しかし、ついに安宅産業は倒産した。

創業家でなくとも、独裁者は誕生する。

「なぜだ！」

一九八二年、取締役会で社長を解任された三越のワンマン、岡田茂はそう叫んだ。絶対

の自信をもっていたがゆえに驚いたわけだが、その岡田が取締役のクーデターに遭って追放されたあと、自分はいろいろ岡田に進言したという幹部が出てきた。

それに対して岡田は、

「バカを言うな。逆らう奴は全部追い出したんだから、残っているはずがない」

と吐き捨てたという。

解任されてまもなくの岡田と会ったことがある。ともに、あるセミナーの講師となり、控え室に入っていくと、先に来ていた岡田が立って、

「岡田でございます」

と深々とお辞儀をしたのである。

「これがあの岡田なのか」

と、一瞬呆気にとられたほど、丁寧な挨拶だった。こちらはまだ駆け出しの若造である。つい数カ月前の岡田なら、そっくり返って、私など歯牙にもかけなかっただろう。

そのとき、私はワンマンというのは張り子の虎なんだな、と思った。

へいこらする部下もしくは家来がいるから専制君主が生まれるのである。

私がつくったわけではないが、広めたことになった「社畜」という言葉を改めてかみしめる。

社畜とは、会社を離れて自分一人の力では生きていけない会社人間のことをいう。その意味では、大塚家具のように記者会見に並ばされた人たちのなかには一般社員だけでなく取締役もいたわけだから、取締役も社畜ということになる。

「大企業トップは〝現代の王様〟です」と、旧財閥系化学会社のある常務は言っているが、大手都市銀行の頭取室など、〝王様〟にふさわしい広さと豪華さをもつ。

私が経済誌の世界に入って驚いたのは、インタビューで訪ねると、社長のそばでご機嫌を損じまいと、ずっと直立不動の姿勢を保ってピリピリしながら「はい」「はい」とだけ受け答えをしている秘書や重役の姿だった。まるで殿様と家来の情景ではないか。こうした姿は妻子には見せたくないだろうなと同情したくなるほどだったが、これが日本の会社の本質だと感じた。それとともに、その秘書や重役は社畜だけれども、偉そうにしている社長自身が最大の社畜なのだと思った。

つまり、「人を奴隷にする人間は、主人ができれば、自分も容易に奴隷になる人間だ」という魯迅の言葉を思い出したのである。

こういう状況のなかで育った社長はまともな神経を失う。会社での自分の考え方ややり方というものが世間一般どこででも通用すると勘違いしてしまう。社畜は社内の上下関係でしか人間を計れない。それが見える形で出たのが、ＮＨＫの籾井であり、大塚家具の会長の例なのである。

トヨタの封建的土壌

私は、かねてから日本の会社というのはいまだに江戸時代の藩であり、トヨタ藩や東京電力藩と呼んだ方がいいと言ってきた。日本の会社はサムライがつくったものであり、江戸時代の藩が会社に名前が変わっただけなのである。

まず、社長には世襲が多い。そして、会社は封建性や閉鎖性をもち、民主的な言論の自由などありうるはずもない。それが露骨に出ているのがトヨタ自動車である。

トヨタ自動車は豊田《とよだ》佐吉が興した豊田自動織機の自動車部を母体に一九三七年に設立された。豊田家の人間が社長になったのは、初代が佐吉の女婿の豊田利三郎、二代目が佐吉の長男の豊田喜一郎、三代目が佐吉の甥の豊田英二であり、四代目が喜一郎の長男の豊田章一郎、章一郎の長男で当代の豊田章男は五代目ということになる。

城山三郎に、日本の自動車産業を舞台にした『勇者は語らず』（新潮文庫）という小説があるが、一九六〇年に年間一六万台だった日本の乗用車の生産は、その後の十年間で三一八万台になり、さらにそれから十年後の八〇年には七三三万台となった。それに伴って、六〇年には二四〇〇台にすぎなかった日本車の対アメリカ向け輸出は、八〇年には一九〇万台にまで達した。

しかし、こんな成長が予想されていたわけではない。

六〇年代の通産行政をリードした元通産次官の佐橋滋は私に、

「あのころ、日本の自動車産業は乳母車にエンジンをつけたようなもの、と言われて、国内市場の、うまくいけば半分、まずくとも三分の一はとりたいという程度だった」

と述懐したことがあるが、自動車をはじめた二代目の豊田喜一郎が社長のとき、トヨタは倒産しかかった。戦後、販売不振で大赤字となったところに人員整理をめぐって大労働争議が起き、苦境に陥ったのである。

一九四九年秋から給料の遅配がはじまり、翌年四月には社員のリストラを組合に申し入れた。豊田英二が書いた『決断』（日本経済新聞社）によれば、喜一郎は組合員に、

「わしは不本意だが、人員整理をしない限り、会社は生き残れない。わしも責任をとって辞める」

と話し、引責辞任した。

「この年になると、正月早々から金繰りがつかなくなり、倒産は時間の問題と、行き着くところまでいってしまった。そのとき、日本銀行名古屋支店の高梨壮夫さん（元東京トヨペット会長）が、金融機関を集めて、『トヨタを何とかしてやって欲しい』と頼んでくれた。

これでトヨタは助かった。ただし、人員整理と販売部門の分離という条件がついた。

高梨さんは自動車産業はすそ野が広く、トヨタが倒産すれば影響ははかり知れないほど大きいということでがんばってくれた。もし高梨さんの努力がなければ、間違いなく潰れたであろう。だから、高梨さんはトヨタの大恩人といえる」

と英二は振り返っている。

代わって社長となったのが、トヨタ自工（トヨタ自動車の前身）の育ての親といわれる石田退三である。倒産の苦境に陥って銀行に助けを求めたとき、住友銀行の名古屋支店長が「鍛冶屋に貸す金はない」と言って断った。それを深く怨んだ石田は「自分の城は自分で守れ」という名言を吐き、「一文の得にもならぬ」財界活動を嫌って、無借金経営の現在のトヨタの基礎を築いた。

この豊田家の石田という大番頭が豊田佐吉の弟の息子、つまり、章一郎のいとこである豊田英二を社長にする。英二は技術者出身で、経営はうまくいっていたが、三井家から来た喜一郎の妻など一族の女性たちが、本家の章一郎への〝大政奉還〟を迫った。いつまでも分家の英二にやらせないで本家に返せという騒ぎが何回か起こり、それで本家の章一郎が社長に就く。トヨタ自動車の中で豊田家の占める株の割合は一、二％程度であるにもかかわらず、持ち株がほとんどなくても社長に就くことができるというのは、日本の会社を特徴づける封建的土壌の上にあるからだと言わざるをえない。

酒田の〝角福戦争〟

そもそも、会社は藩のようなものだと実感したのは、私が経済誌にいたころまで遡る。そのころ〝住友酒田戦争〟というのが起きた。

郷里の山形の酒田に、住友金属（現新日鐵住金）の系列の住軽アルミが進出したが、その裏には、ある種の勢力争いがあった。つまり、住友金属の総大将の日向方齊《ひゅうがほうさい》と、住友化学の総大将だった長谷川周重《のりしげ》という人がいて、その二人が争っていたのである。

住友金属の子会社の住友軽金属という会社は、住友化学からアルミの原料を買っていた。住友グループの理屈としてはそれでいい。ところが、日向と長谷川は、住友本社に入った同期生で、関西のボスに誰がなるか、住友のボスに誰がなるかで仲が悪くなっていた。

その結果、日向が長谷川のところから原料を買うのは不愉快だということになった。それで、住友軽金属の子会社の住軽アルミをわざわざつくって、いわゆる一貫生産を考え出す。

地元としては大企業の工場誘致だから、雇用と税収も増えるということで、喜んで免税措置をした。しかし、あの時代のアルミは電力ばかり食う儲からない商品の代表で、まして一貫生産をやるとなったら、失敗することは目に見えていた。それでも、日向は半ば意地でそれをやった。

その工場誘致と認可をめぐってもいろいろあった。あの辺りは海風がものすごく強く、黒松でつくった広大な防風林がある。一口に防風林といっても、黒松は一日で大きくなるわけではないし、枯れたりもするから、何度も植林しなおさなければならない。それこそ大変な手間と時間をかけて整備したものであるにもかかわらず、その工場をつくるためにかなりの部分を切ってしまった。典型的な環境破壊だが、これに対して反対派は黒松訴訟を起こした。

それと認可されては困る住友化学の長谷川は一高、東大で福田赳夫に近いこともあって、うまく認可が下りないから、日向は長谷川＝福田赳夫への対抗上、田中角栄に頼む。それで勃発したのが「酒田角福戦争」である。この認可戦争では田中角栄の方が強くて、認可が下りた。

結局、酒田へ進出して十年も経たないうちに、二〇〇億円近い累積赤字と八〇〇億円の借入金を抱えて住軽アルミは撤退してしまった。日向は何の責任もとっていない。あとに残ったのは、寂れた工場跡地と、雇用されてクビを切られた酒田の失業者である。

そこで私は、当時、筑紫哲也が編集長をしていた『朝日ジャーナル』で、酒田の郷土意識に引っかけて、「生まれ故郷を汚してくれた」「うれしがらせて泣かせて消えた」と日向方齊を批判した。

これは資本主義や民主主義などというものではない。まさに住友藩という封建社会の出来事ではないかと、つくづく思った。

人間を機械に近づける発想

トヨタ藩の封建性を具体的に示そう。

まず、市の名称変更がある。だいたい、トヨタ自動車の本拠地となっている愛知県豊田市はもとは挙母《ころも》市といったのである。それを、トヨタの企業城下町なるがゆえに、一九五九年に豊田市と改めた。

挙母は『古事記』にも登場する由緒ある地名であったから、それを変えようとした当時の市長や議会に対して激しいリコール運動が起こったのも無理はない。どうして一企業に合わせて千数百年も続いた由緒ある挙母の名を変えなければならないのかと反発したが、市長や議会にはトヨタの出身者がいるなどトヨタの色合いが強かった。工場移転などをされたら税収にも響くということもあったかもしれない。トヨタには自分の会社が税金を一番多く払っているという感覚があるのだろう。

評論家で「帝王学」に詳しく、企業のトップとも親交の深かった伊藤肇は『幹部の責任』（徳間文庫）で、

「愛知県の片田舎、挙母を豊田市に改名させ、そこに封建領主さながらの閉鎖的企業王国を築きあげ、そこに安住していたら、人間も企業もおかしくなってくるのは当たり前だ」

とトヨタを断罪した。

言うべきことは言い、書くべきことは書くという伊藤の姿勢に、私はずいぶんと励まされたものだが、このトヨタ批判が書かれたのはかれこれ三十年余りも前のことになる。

私はここで、対照的なホンダを思い出す。

ホンダはレースによって三重県鈴鹿市と深い結びつきがある。ホンダの鈴鹿サーキットによってスズカの名は世界的に知られることになった。

それで、ホンダ創業者の本田宗一郎は鈴鹿市の名誉市民の称号を贈られているが、本田は、鈴鹿市が市の名称を本田市に変えてはどうかと言ってきたとき、強くこれに反対し、それをやめさせた。地域あっての会社だからである。

また、本田が、いくつかの候補地のなかから、鈴鹿市に工場をつくることにしたのは、鈴鹿市だけが面談のとき、お茶しか出さなかったからだという。いろいろ接待とか何とかをやらないから、そこに決めたというのも、いかにも本田らしい。

本田宗一郎はパートナーの藤沢武夫とともに息子を会社に入れず、企業を家業にしなかった。

次に、城山三郎が前述の『勇者は語らず』のなかで「大和自工」のジャスト・イン・タイム方式として描いている、トヨタの「かんばん方式」である。

コストダウンのため、大和自工は倉庫も在庫も一切もたず、部品業者は大和自工の日々の生産に必要なギリギリの量を、必要な日時きっかりに、直接それぞれの生産現場に搬入せよ、という「恐ろしいほどの合理化」方式で、巨大メーカーの下で「より大きな沈黙を強いられる下請け」に、さらに犠牲を求めるものだった。指定日時に遅れてはならず、安全を見込んで早く行っても、十五分以上早いと守衛が工場の門を通してくれない。

それを城山は「常識はずれの理屈だが、大和自工がいい出せば、正論となる」と批判している。このため、トヨタの工場の門前には部品業者の車がズラリと並び、周辺の道路が大混雑する。

私と対談した自動車評論家の徳大寺有恒はこう語っていた。

「トヨタは国道を自分の道路だと考えているわけです。たとえば午前八時から工場が稼動すると、七時半にはその部品が工場に入っていなければいけない。そのためには高速道路で混んだ場合を想定して二時間前に着くように計算するから高速道路の駐車場はほとんどトラックが占めるでしょう。工場周辺の道路も納品を積んだトラックが路肩で待機している。冬は寒いし、夏は暑いからトラックの運転手さんはエンジンをかけっぱなしでヒーターとクーラーを使うんです。アイドリングというのは車が一ミリも進まないでただ排ガスだけを出す行為ですから、本当に（環境に）よくないんです。でも運転手さんのことを考えると、エンジンを止めろとは言えないし……。

トヨタは多くの下請けを持っているでしょう。一部上場のような会社から四〜五人くらいの会社もあるのだけれど、そこにトヨタの生産現場の社員が行って何日か一緒に働くんです。彼らはストップウォッチを持っていて、ある作業について一工程〇・五秒短縮できるから、それが一週間で何分かになって生産性が上がる、という計算を一生懸命にやるんです。これは限りなく人間を機械に近づける発想ですね」

それから、あるとき非常識なことをやった。労使で結んだ協定によって、夏に木金休みの土日出勤を繰り返したのである。土曜・日曜は電気代が安いからだったらしいが、こんな国際的に嗤《わら》われることをやっても、トヨタのトップには（組合も含めて）、まったく自覚がない。

私があるコラムで批判したら、役員の一人は、「言われてはじめて、おかしいのかと思った」と私の友人の新聞記者にもらしたというし、「ウチだけでなく、日産もやっていますよ」という反応もあった。

　トヨタには公共という観念がないのである。

トヨタの福沢幸雄事件

　トヨタの閉鎖性については、私がずっと追いかけていた福沢幸雄《さちお》事件というのがある。

　私が慶応の学生時代、語学の教師が担任となっており、法学部法律学科H組の担任は福沢進太郎だった。フランス語を教えるその教師が福沢諭吉の孫で、レーサーの福沢幸雄の父親であることを知るのはずいぶんあとになってからである。

　ギリシャ人のオペラ歌手だった母親との間に生まれた幸雄はハーフのハンサムで、歌手の小川知子が恋人だった。一九六九年二月十二日、トヨタ自動車のテストドライバーだった幸雄はヤマハのテストコースを走っていて事故死する。しかし、トヨタは、企業秘密を守るためか、すぐには警察にも立ち入らせず、親にもテストコースでの事故の全容を詳しく知らせなかった。それを怒り、福沢進太郎はいわば「たった独りの戦い」を開始する。息子とは違って、あまり風采のあがる感じではなかった進太郎が、実はフランコの独裁政権に対して立ち上がったスペイン人民戦争に市民側として参加した唯一人の日本人であることを、わが師の久野収に教えられて驚いた。とてもそんなふうには見えなかったからである。

両親はトヨタを訴える。だが、市の名前を変えるような会社である。テストカーが欠陥車であることは表に出ることなく、事故原因もよくわからなかった。

この事件を追った、青木慧著『福沢幸雄事件』（汐文社）は、事故から十年後の一九七九年に出されたが、十年経っても母親の怒りは消えず、青木にこう言ったという。

「幸雄さん死にました。トヨタ、事故のクルマ隠しました。なぜ証拠を隠したのですか。日本は法律もない野蛮な国ですかっ。そして、また裁判があるでもないこうでもない。もう一〇年かかりました。この裁判でトヨタつかまりますか。トヨタは牢屋へ入れられますか。なに？　はいらない？　冗談じゃない。幸雄さん死にました。トヨタはどんどん大きな会社になります。なぜです。私たちお金なんか一つもいらないっ。トヨタ、必ずつかまえてやります。必ず」

しかし、彼女がこう叫んでからまた四十年近くの月日が流れ、トヨタはつかまるどころか、ますます大きくなり、ついに世界一の会社となった。その間にこの夫妻も亡くなり、福沢幸雄事件は裁判の途中で終わった。「札束と真実との交換」をあくまでも拒否して和解しなかった進太郎は当時、憤激して、こう語っている。

「幸雄は、死ぬ前に二〇〇〇GTで危ない目にあったことも私たちにさえ隠していた。トヨタの〝企業秘密〟は親にも話さなかった。（中略）トヨタも、そんな幸雄を一番高く買っていた。ところが、亡くなったとたんに、彼が不品行だったとか態度が悪かったなどとでたらめをいって、なんとか幸雄のミスのせいにしようとする。彼らが利益になるから幸雄を大事にし最大限に利用してきたのに、死んだとたんに手の平をかえして死者に鞭打つようなそまでつく。自分の責任を全部、幸雄になすりつけちゃう」

トヨタによるミサワホーム乗っ取り

トヨタには「一代一業」という不文律がある。つまり、佐吉が自動織機、喜一郎が自動車を創業したから、三代目の章一郎も何か新しいことを創業しようということである。それで始めたのが住宅のトヨタホームだった。ところが、その住宅が惨憺たる状況でぜんぜん売れない。それで、ミサワホームが目をつけられる。創業者の三澤千代治によれば、トヨタはミサワホームの買収をねらっていたという。

ミサワホームというのは三澤千代治がベンチャー企業から起こして東証一部上場を果たし、業界第三位の住宅メーカーへと成長させた会社だが、バブル期のゴルフ場投資で数千億円もの不良債権を抱えてしまった。

そもそもの発端は、一九九七年に三澤が取引銀行の東海銀行（現三菱東京ＵＦＪ銀行）

の西垣覚頭取（当時）から、

「トヨタに五〇％の株を譲り渡してもらいたい。それがダメなら、業務提携をしてくれ」

とトヨタホームとの合併話をもちかけられたことにはじまる。すぐに三澤は、

「トヨタは住宅を真面目にやっていないからダメだ」

と断り、そのときはそれで終わった。ただ、西垣頭取がトヨタに決算報告に行くと聞いて、三澤は驚いた。企業の方が銀行に決算報告に行くのが通常だからである。

その後、買収の話は意外な方向から訪れる。

二〇〇三年十月に竹中平蔵金融担当大臣（当時）が、ミサワホームの子会社の社長を介して、奥田碩《ひろし》経団連会長兼トヨタ会長（当時）と会うようにセッティングしてきたのである。子会社の社長というのは竹中宣雄といい、竹中平蔵の実兄だった。そのとき、竹中宣雄社長はこう告げた。

「場所は経団連会長室です。平蔵が段取りしたけれど、そこに行けば職務権限違反になるから、平蔵は行きません」

会談の前日、三澤は竹中大臣から直接電話をもらい、

「明日、奥田さんと会ってください」

と念を押されたという。

電話をかけていることがすでに職務権限に触れていると思うが、のちに国会でこの件を質問された竹中は「三澤に電話したことはない」としらばっくれている。

実際に三澤は奥田とどんな話をしたのか。『ブラック国家ニッポンを撃つ』（七つ森書館）所収の「ミサワホームはこうして乗っ取られた！」と題する三澤と私の対談から抜粋して引こう。

三澤　奥田さんと最初は世間話をしていましたけど、まどろっこしいから、「人と金を出してくれるのですね」と切り出したら、「出すよ」と。奥田さんが「社名を……」と言い出した。それはダメです。「六〇歳を過ぎて婿にいくような話では困ります。ミサワホームでないと」と、私は断った。

それで両者には気まずい沈黙が流れる。三澤は自説だった自動車と住宅の比較文化論を持ち出す。

三澤　住宅は、文明五〇文化五〇って話をした。車は文明の利器。だけど住宅は文化が五〇ないとダメだと。住宅は竪穴式、高床式、寝殿造り、書院造り、数寄屋造りなどとだいたい四〇〇〇年かけて変わってきた。今は二〇〇〇年だから、また何か変わっていくことは間違いない。そんな話をしていたら、奥田さんが、何かつまんない話をしてるなあ、という顔をしているわけです。しょうがないから、「奥田さんは一年に何人、人を殺しているんですか」と聞いたんです。

佐高　そんなストレートに聞いたんですか。

三澤　ええ。でも黙っているんですよ。トヨタの最高責任者が、何人交通事故で死んでいるかってことに意識すらないとはひどいと思った。

ブリヂストン二代目会長の石橋幹一郎さんは退任したときに、「タイヤの公害はひどいんだよ」と言っていた。「これが社会問題にならずにすんでほっとしているんだ」と。ああ、経営者にはそういう見識がないとダメなんだなと思いました。私は、そういう認識が頭の片隅にあったもんだから、奥田さんの態度に驚いた。しかも奥田さんは隠しているのではなく、意味が全然わからないらしい。だから私が、一二万人の死者でトヨタは一兆円の利益を上げているんですよ、と。

世界の交通事故死者を一二〇万人と発表している。ケガは五〇〇〇万人です。そしてトヨタのシェアは世界で一〇%。

なので少し小さく「一〇万人くらいですよね」と言ったんです。そうしたら奥田さんは何を言っているんだという顔をしていましたよ。もうそれからはお互い口を聞かない。早く部屋を出たくてしょうがない。

それでも三澤は奥田に話し続けた。

三澤　奥田さんにはこうも言った。今では、夜にセンサーが働いて、障害物があるとブレーキがかかる装置があります。最高速度を抑えるスピードリミッターだってあります。だけど、トヨタの年間生産台数七〇〇万台に装備すれば、トヨタの利益はすっとんじゃう。私は「自動車会社としてやるべき順序があるんじゃないですか」と言ったんです。スピード（超過が原因の）事故は全体の四割なんです。だから四割は減るよと。

両者の会談は決裂した。こうズバッと三澤に言われた奥田は、その後、トヨタ社内でカンカンになって怒っていたという。豊田章一郎が始めた住宅事業がうまくいくように大番頭の奥田が取り計らったのだろうと、三澤は思っていた。

竹中平蔵は、この会談をセッティングした同じ二〇〇三年十月、ミサワホームの主な取引銀行であるＵＦＪ銀行（当時）に対しても働きかけた。金融庁がＵＦＪ銀行に対して特別検査を実施したのである。その検査後、金融庁はＵＦＪ銀行が保有する債権の半分以上を不良債権と認め、膨大な引当金を積ませた。不良債権は返済の見込みがない。だから、銀行はそれに対応する額の資金を手当てしなければならない。

当然、ＵＦＪ銀行は不良債権処理を大幅に加速させる。それにより、ダイエーやミサワホームは不良債権処理の対象となった。このような追い込み方をされたＵＦＪ銀行自身は東京三菱銀行との合併の道を進むことになる。

ＵＦＪ銀行は三澤排除に動いた。二〇〇三年十二月に三澤を代表権のない名誉会長にして、銀行から送り込まれた水谷和生副社長を社長に昇格させる。そして、三澤がミサワホームの取締役を退任してから活動の足場にしていた環境建設という会社の支援を打ち切り、二〇〇四年四月にこれを倒産させた。同年八月、三澤は名誉会長を追われる。

白昼堂々の「修正」

銀行の動きに合わせるかのように、トヨタ自動車がミサワホームを救済する可能性を新聞記者から聞かれた奥田は、「ミサワは産業再生機構に入ってもらった方がいい」などと言っている。この発言は産業再生機構入りの気配もなかった二〇〇四年十一月二十七日の『読売新聞』の朝刊一面に載った。

しかし、ミサワホームを産業再生機構に入れるには、ミサワホームが過大な債務を負っていなければならない。

ミサワホームの財務状況はよかったはずだった。三澤の言葉を借りれば、

「（ミサワホームの監査法人である）中央青山監査法人の上野紘志代表（当時）が逆粉飾決算

をトヨタの圧力でやり、辞任している」

という不可解なことが起こった。

二〇〇四年十一月十九日に発表されたミサワホームの二〇〇五年三月期の中間決算は、経常利益二二〇億円、税引き後利益一〇〇億円と大幅黒字だったのだが、十二月七日に修正され、税引き後利益が五・五億円に下方修正された。この決算修正により過大な債務を負うこととなったミサワホームは、十二月二十八日に産業再生機構の支援を受けることが決まった。同日、ミサワはトヨタと資本業務提携を発表する。

のちに、二〇〇六年三月六日の参議院予算委員会で、民主党の輿石東《こしいしあずま》がこう質問した。

「一八日間で一〇〇億から五億五〇〇〇万、こんな修正がまかり通るのか。どう考えてもどちらかがおかしい。こう思わざるをえないわけです。この監査をしたのが中央青山監査法人というのです。これはいろいろ問題があるでしょう。カネボウの（粉飾決算）問題にも関わっていた」

どう考えてもおかしい白昼堂々のこんな「修正」は、ある意図があって行われた。つまり、何としてもミサワホームを産業再生機構に送り込むために無理やり「資産圧縮や債務超過」を行ったということである。

輿石は具体的にその例を挙げる。

「これは東京都八王子市の分譲計画地ですが、一七万坪の土地がそのミサワホームに計上されていたときには五〇億、それが最終的に、まあケネディ・ウィルソンという会社が最初買って、その後、新井総合施設とかという会社に渡っていったと。その会社が買ったのは二五〇〇万円だそうであります。そうすると、一七万坪で五〇億円を割れば三万という数字が出てきて、坪三万、これを二五〇〇万にやっていくとたったの一五〇円。一坪一五〇円で三万円だったものを売ってしまったというようなことが行われたようにも見える」

三澤は私にこう語っている。

「ミサワホームは再生機構に行けと、奥田さんがほうり込み、再生機構が口を開けて待っていた。それで私が怒っているのは、ミサワは三〇〇億円のキャッシュフロー（資金の流れ）があるから、三〇〇〇億円の借金は一〇年以内で返せる。再生機構は借金を返せばいいところ。再生機構に入れられてしまった。それはおかしいでしょう」

ミサワホームをほしがったトヨタが竹中平蔵を介在させて企んだのだと、三澤は考え、マスコミに訴えかけた。しかし、あるときから、ピタッと報道が止まる。対談のなかで三澤は電通の名を挙げた。

佐高　いつからミサワ報道が止まったんですか？

三澤　（二〇〇五年）一月からですかね。二〇〇四年十二月に「ミサワを再生機構にやればいい」と奥田が発言した。これでミサワの株が下がり、契約も解除されてしまった。

ミサワの個人株主に荒井敬一郎さんという方がいて、記者会見を開いた。経団連の会長が一企業について発言するのはおかしい、しかも買収するんだからおかしいと。「白紙撤回」を申し込みました。

これはトヨタの広報が全力投球して、電通（日本最大の広告代理店、トヨタ自動車は最大の顧客）の中にあるプロジェクトチームがマスコミを止めてしまった。

佐高　電通にプロジェクトチームなんてあるんですか。

三澤　あります。電通の連中がそう言っていますから。そういう緊急事態対策をやって、お金にしているんです。以後、私の記事はもうマスコミに載らなくなりましたね。

佐高　三月には愛知万博も開幕しましたからね。トヨタは年間一〇〇〇億円近い広告費を出してきた企業だし。

いま、ミサワホームの社長には竹中平蔵の兄の竹中宣雄がなっている。

こういう話を新聞やテレビは一切、書かない。書いたのは私が代表取締役をしていた㈱金曜日が出した『トヨタの正体』『続　トヨタの正体』くらいである。スポンサーとしてのトヨタの威力か、その書評は一切、出なかったけれども、名古屋を中心にして八万部ほど売れた。ほかのところは書けない、出せないということだろう。

責任をとらずに済む日本の企業

ＪＲ西日本の宝塚線（福知山線）が脱線事故を起こして一〇七人が死亡、五六二人が負傷したのは二〇〇五年四月二十五日のことだった。

その責任をめぐってＪＲ西日本の歴代社長三人が業務上過失致死傷罪で訴えられた裁判が行われていたが、神戸地方裁判所は無罪の判決を出していた。

その理由は、

「（三人には）事故が起きるという具体的な認識がなかった」

からだという。

検察審査会は強制起訴するのが相当としていたが、神戸地裁はそれに対しても無罪の判決を出した。その控訴審の判決が二〇一五年三月二十七日に大阪高等裁判所で下され、そこでも無罪という判決になった。

『朝日新聞』（二〇一五年三月二十八日付朝刊）によれば、

「安全対策への強い期待はＪＲ西日本の法人としての責任を問題にする場合には妥当だが、

今回の裁判では個人の刑事過失責任が問われている」

と述べるにとどまったという。

つまり、日本の裁判所は、これほどの大事故を起こし、多くの人命が失われているにもかかわらず、誰にも責任がないという判断をしていることがわかる。

そんな裁判の論理はどのようなものなのか。

一九六八年にカネミ倉庫の米ぬか油製造工場で、熱媒体に使っていた鐘淵化学工業（現カネカ）製ＰＣＢ（ポリ塩化ビフェニール）が食用油に混入し、西日本中心に一万人を超える被害者を出したＰＣＢカネミ油症の問題が出たとき、カネミの加藤三之輔社長と工場長は業務上過失致死罪で福岡地裁に起訴された。

業務上過失致死罪が成立するためには、因果関係があること、事故発生を予見していたこと、結果回避義務違反のあること、具体的監督義務をもった業務上の地位にあることの四つを立証しなければならない。

事実審理がされた結果、工場長は完全に因果関係が立証されて、一年六ヵ月の実刑判決になったが、社長は無罪になった。

なぜかといえば、社長には因果関係があるけれども、ＰＣＢが米ぬかに混入することの予見可能性はあっても有害であるという認識がなかった。また、社長は事務系であるために技術的側面は全部、工場長に任せていて、そういう能力がなかった。そして、社長は事務的な総括責任者で具体的な監督義務もないというので無罪になった。

それで、ＰＣＢカネミ油症の患者たちは、このとき、

「技術的に知識も能力もない者に社長が務まるのか。社長とは楽な仕事だ。能力なければ責任なしか」

と怒った。

被害者は最初、会社を殺人罪で訴えようとした。ところが、日本の刑法ではそれが成り立たない。法人には犯罪能力がないとされているのである。犯罪とは行為を処罰するものだが、行為をするのは意思をもつ自然人（人間）であり、法人には意思がない。そこで、法人に対する処罰は法人の機関の構成員を罰すれば足りると、このように日本の刑法は考えている。

だから、最終的にはＰＣＢを使用した責任者である工場長と、当時の社長の責任を問うということになったけれども、結果を予想できなかったということで刑事上の責任を負ったのは現場の人間だけとなった。

水俣病の、水銀を含む廃液のバルブをひねった現場の担当者に責任があるというロジックを皮肉って、私はこう書いた。

郷里の山形で教員になったばかりのころ、一九六九年六月十二日付の『朝日新聞』「声」欄に、二四歳の私の「水銀食った魚も悪いのか」という投書が載っている。

いまから四十五年以上前のそれを引こう。

憲法二五条の生存権の授業で、それを脅かすものとして、公害ならぬ工害、つまり企業害という私害をとりあげ、

「政府は、たとえば水俣病について、企業にも責任があると言ったが、他にだれに責任があると思うか」

と生徒に聞いたところ、ある生徒が冗談まじりに、

「水銀を食った魚に責任がある！」

と言ったので、教室中が大笑いになった。

しかし、後で私はこの発言を鋭いと思った。まさに政府の論理は、魚に責任があるという笑うべき論理ではないか。そして犯人をぼかしたのではなかったか。

政府は近ごろ、「公」害罪の新設などと言っているが、政府自身が「企業優先罪」を改めない限り、またまた魚に罪を押しつける結果になり、生徒たちに鋭く笑われるであろう。

奥村宏は私との対談『会社事件史』（七つ森書館）で、こう指摘する。

「チッソのときもつぶれたら困ると言われた。たしかに経済的に言えば、つぶれたら損害賠償ももらえないようになるから、労働組合も患者も、みんな困る。

しかし、全体のロジックとしては、会社がつぶれるんだということが一つでもあれば、ほかの企業は用心する。

会社の責任といったら、つぶれることです。それしかないじゃないですか。

個人は刑務所へぶち込めるけど会社はそうはできないですからね。法人をどうするか。法人自体に巨額の罰金をかけて、会社の経営が悪くなってつぶれる。これが最終ですね。ところが、そういうケースはない。また、そうなることに対しては世論も反対しますね。むしろ、会社をつぶしたら何にもならないではないか。患者のほうも、取れるものも取れなくなるじゃないかということになってしまうわけです」

それに対して私は、

「やったことについての責任と、これからそういうものが起こらないようにするには、そういうことをやったらつぶれるというルールが必要ですね」

と応じた。

会社に刑事責任をとらせるルールがないから、責任を追及する側も、起こったことは起こったこととして具体的に詰めていき、はっきり白黒をつけるよりは、「銭は一銭もいらん。工場も社長も水銀の入った水を飲め。それでよか」という、石牟礼道子が『苦海浄土』（講談社文庫）に書いた水俣病患者の言葉のような、怨念や情念をぶつけるやりとりになってくる。

私は、生産と生活の遊離が公害を生んだと考えている。生産の場に、たとえば社長が生活していたなら、もっと早くに公害は発見され、被害も拡大しなかっただろう。生産の場と生活の場を直結することが必要なのではないか。

私は、『社長のモラル』（講談社文庫）のなかでこう書いた。

「（四大公害訴訟の）四日市ぜんそくについていえば、それを引き起こした三菱油化（現三菱化学）の四日市工場長は上手のところに住んでいて、風の来る下手のところには住んでいない。ましてや、社長は東京に住んでいるわけで、患者の苦しみなど、わかるはずがないのである。

一九六八年十月、三菱油化四日市工場が絵の具のように真っ赤な汚水を出し、付近の住民から通報を受けて四日市海上保安部に当時勤めていた田尻宗昭が、それを調べたとき、担当の三菱油化の課長は『私は二代も前から三菱に働かせてもらっているのに、会社に対して何とも申し訳ないことをしてしまった。会社のカンバンにドロをぬった』と涙を流さんばかりで、ただただ会社にすまないの一点ばりだったという。そして、食事もできないほどやつれて、家族が自殺を心配するほどになったとか。

取調べには礼服を着て来たというが、その課長の頭のなかには、港を汚し、社会に損失を与えたという意識はまったくなく、ただただ会社のメンツを傷つけたという思いでいっぱいだったのだろう。企業というものが人間をそこまでも洗脳するものか、と田尻は不気味な感じがしたと書いている」

このように日本の会社は責任をとらないで済んでいる。会社は、民事上は損害賠償責任を負うが、まず刑事上の責任を負うことはない。社長は非常に強い権限をもちながら、責任は問われないという、凄まじい専制君主なのである。だから、威張る社長が多い。

社長がなぜ傲慢で無責任でいられるのかという問いの答えは、日本の会社が責任をとらなくていいからだ、ということになる。

その極めつきが、東京電力の放射能汚染事件である。

二〇一二年六月に住民は勝俣恒久元会長ら三人を業務上過失致死傷罪で告訴したが、東京地方検察庁は全員を不起訴処分にした。翌一三年十月には検察審査会へ申し立て、検察審査会が起訴相当と判断し、東京地検が再捜査していたが、一五年一月に再び不起訴処分とした。その理由は、地震や津波で福島第一原発の事故が起こることは想定されていなかったとされたが、地震による津波によって原発が危険であることは、原発反対運動のなかで繰り返し叫ばれていたことである。一五年七月になってようやく、検察審査会は二度目の起訴相当を決め、刑事裁判が開かれる見込みとなった。

日本の裁判所はやはりおめでたいというほかない。これほどの大惨事に対して、裁判を起こすまでが一苦労なのである。被害を受けた原告の利益よりも、一流企業はそんなひどいことをするわけがないと、はじめから企業の利益の方に重心がかかっている。これでは企業と裁判所はお仲間であり、悪徳商人と悪代官のように、結託しているのではないかと揶揄されても仕方がないだろう。

だから、その壁を突き崩すには、無責任な会社とそのお仲間の裁判所というくらいの、よほど衝撃的な捉え方をしなければダメだということである。

経済ジャーナリズムの腐敗

日本では経営者に対する責任追及が甘いと言わざるをえない。三菱自動車でリコール隠しがあったとき、私は「経営者への責任追及の甘さを問う」というコラムを書いた。

二〇〇八年一月十六日に横浜地裁で下された判決で、三菱自動車元社長の河添克彦らは、リコールなど改善措置を講じずに放置すれば、死傷事故が発生することを容易に予見できたのに、「代表者としての自覚に欠けた無責任な態度」でそれをしなかったとして業務上過失致死罪を言い渡された。すぐに河添は控訴したが、しばらくして控訴を取り下げたため、禁固三年、執行猶予五年の刑が確定した。

これについてのコメントを求められて、私は判決翌日の十七日付『読売新聞』で「経営トップの責任を明確にした点で意義がある。責任を下に押しつけて自分たちだけ助かろうという姿勢は、現在の一連の偽装問題とも共通している」と主張したが、同じ紙面で桐蔭横浜大教授（当時）の郷原信郎は「具体的に欠陥を知らなくても事故の責任を負うのなら、単に結果責任を追及するのに等しい。経営者の刑事責任が無限に拡大し、事故防止の視点が薄れる恐れがある」と発言している。この人は「企業倫理に詳しい」らしいが、日本の企業の体質を洞察していない。〝社畜〟と言われるほど自分の判断をもたない日本の社員は、リコールしなければならない欠陥を自分で抱えておくような主体性は確立させていないのである。だから、「知らなかった」では済まされないとトップの責任を問えば、トップはそれをオープンにするように指示を下し、リコール隠しなどはしなくなる。

奥村宏は私との対談『会社事件史』（七つ森書館）で、こう言っている。

「アメリカでも会社の責任はなかなか問えませんが、経営者の責任追及は非常に厳しい。エンロンの場合でも、K・レイ前会長は裁判の途中で死にましたが、元会長のJ・スキリングは懲役二四年四カ月でした。日本で経営者に懲役二四年なんてありますか。不正会計をやった、三洋電機や日興コーディアルの場合も経営者の責任は追及されていません。そういう点では、アメリカはまだましですね」

こうした経営者に甘い体質を許している原因に経済ジャーナリズムの腐敗がある。同じ時期に起きたNHK記者たちのインサイダー取引は、その一面なのである。

リクルートや佐川急便など、疑獄的な事件をはじめ、野村證券を筆頭とする証券スキャンダル等で経営者の責任を厳しく糾弾してきた私に、一番白い眼を向けてきたのは、経済記者たちだった。経営者と近いことを自らの能力のように錯覚し、株式の公開時には端株をもらったりしてきた彼らには、私の批判は、彼らの〝特権〟を奪うように映ったのだろう。批判的な情報を発して、会社を変えるのではなく、ときには私のような批判を封じたり、否定したりすることによって、会社を守る側にまわる。そんな経済記者が大部分で、NHKだけでなく、同じようなことをやっても「一部の記者」の不心得と言って逃げているのが日本経済新聞社である。

自らが情報を儲けの手段として貶《おとし》めている限り、ジャーナリズムは成立しない。特権的に考えている記者も同様で、NHKの記者だけでなく経済ジャーナリズム全体の腐敗がいま問題なのである。

うまくいったら上司の手柄、失敗したら部下の責任

日本の企業は、上司が何を考えているかを部下が一生懸命に慮《おもんぱか》る社会、つまり、忖度《そんたく》社会であると、ジャーナリストの内橋克人は喝破した。

日本の社長は、なぜ自殺しないかというと、忖度社会だからなのである。

「いま、総会屋はいなくなった」と言われていて、本当にそうかい、と疑わしいところがあるが、たとえばいろいろ問題を抱える会社が株主総会を控えていたとする。その会社の社長が総務部長に「うまくやれよ」と言ったとき、その「うまくやる」というのは総会屋に金を渡すということを意味する。金を渡さなければ総会を乗り切ることがむずかしいから、「うまくやれよ」なのである。

つまり、「金を渡せ」とは言わない。たとえ社長がそう言わなくても諸事万端を慮って、総務部長は株主総会が荒れないようにしなければならない。それでなくとも日本の会社の株主総会は短時間で終わる。東日本大震災のあとに行われた東京電力の株主総会ですら、十時からはじまって四時で終わったくらいである。ふつうは長くて三十分というのが株主

総会の相場で、総会が十五分以上かかったために、総務部長のクビがとんだという話もある。総会の議長は会社の社長なり会長なりが務めるから、総会が長時間にわたると、高齢のトップがぶっ倒れてしまうおそれがある。だから、何はともあれ、早く終わらせることに腐心する。

ある総会屋に金を渡して、俺には来なかったとか、あいつがもらっていたとか、総会屋同士の争いで会社側が金銭を供与した事実が発覚したりすると、金銭を受け取った方も渡した方も処罰の対象になる。

一九九七年八月に東京地裁で開かれた味の素の利益供与事件の初公判で、被告席の元総務部長がこう陳述した。

「罪を免れるつもりはありません。しかし、会社の上層部が一切、事件に関与していないという態度をとっているのを知って、男泣きに泣きました」

利益供与した取締役や平社員が捕まっても、「俺は金を渡せとは言っていない」と、社長は言えてしまう。ところが、総会をスムーズに終わらせるには金を渡さなければうまくいかない。その矛盾の狭間で会社のミドルは追い詰められる。たいてい、追い詰められて自殺するのはミドルの部長や課長、あるいはミドル的副社長である。副社長といってもミドルと変わらない。

ミドルが自殺する例があとを絶たないのは、うまくいったら上司の手柄、失敗したら部下の責任という暗黙のルールが貫徹しているからである。

忖度社会を示す面白いエピソードがある。

のちに『新 師弟物語』(岩波現代文庫)としてまとめられた『夕刊フジ』の連載で、東京電力の元会長の木川田一隆と、当時、会長だった平岩外四の師弟関係をとりあげようと、平岩に取材したことがある。

平岩が総務課長だったころ、上司として仕えた木川田常務は、「ただコワイ人」だった。

「平岩君を呼んでくれ」と呼び出しがかかると、平岩は一階から、三階の木川田の部屋まで、階段をとんでいく。平岩にはエレベーターに乗っている余裕がないのである。

その間に、いまは何について呼ばれているのかを懸命に考える。

そして、部屋に入っていくと、

「おいっ、アレはどうなった」

という木川田の声が降ってくる。

「ええ、ソレはこうなっています」

と即答し、木川田のアレと、平岩のソレが合致した場合は、笑顔が返ってくるが、はずれた場合は、「バカヤロー」という怒声が返ってくるか、フッと横を向かれる。

そうすると、木川田は「アレはどうなった」としか聞かないから、別のアレを急いで探さなければならないのである。

だいたい、いつも、木川田からの〝宿題〟は五つ六つ、下手すると一〇くらいあった。そのどれなのか。当てるヒントとしては、呼ばれる前にどういう人が面会に来たかなどが資料になるが、そういう資料が一切ない場合もある。

アレソレ問答、あるいはアレコレ問答で、木川田が平岩にどう思うかを尋ねることもあった。

しかし、そういうときでも、木川田は自分の判断はおよそ決めていて、不一致の場合は、

「それはどうかなあ」

と言い、満足できる答えだと、

「そんなところかなあ」

と言うのが常だった。

つまり、「アレ、どうなっている」と聞かれて、「アレって何ですか」と聞いたら、出世はおぼつかない。

「バカヤロー」と言われたときに、アレが当たっていたのか、当たっていなかったのか、処置が悪かったのか、それもわからない。まさに謎解きの世界である。これは忖度社会の

究極のエピソードといえるだろう。

一九七〇年十一月二十五日、三島由紀夫が自衛隊の決起を叫んで割腹自殺した。

そのニュースを聞いた、当時の東京電力社長の木川田は、取締役総務部長になっていた平岩を呼んだ。

そして、そのあとのスケジュールをキャンセルさせて、半日くらい「この事件がいったい、これからの日本にとってどういう意味をもつのか」を話し合った。

「アポロ一一号」が月面着陸に成功して地球に生還したとき、木川田は評論家の草柳大蔵に、

「夕べはとうとう眠れなかった。アポロの三人の宇宙飛行士が、いよいよ月の石を積み込んで地球に帰りはじめたら、私は〝石なんかどうでもいいから、どうか無事に帰りますように〟と、祈るような気持ちになっていた。そこでハッと気づいた。私は、いま、三人の飛行士の地球生還を祈っているが、この私の足下で毎日何十人という人が交通事故で死んでいるんだね。なぜ、私はこの人たちの無事を祈らないのか。現代文明は、人間の祈りをも複雑にしてしまう。これをどう解釈すべきなのか。それを一晩中考えていた」

と語ったという。

こうした思索的経営者と、平岩はしばしば仕事を離れて語り合った。かつては「ただコ

ワイ人」だった木川田も、ずいぶん怖くなくなっていた。一緒に出ていた結婚式を途中で脱け出して、プロ野球を見に行ったりしたことも影響していただろう。

三島の自殺を契機に、右翼と左翼の蠢動《しゅんどう》が昂まり、七一年春、赤軍派が財界首脳を襲うという情報が流れた。

それで、警視庁が当時の経団連会長の植村甲午郎、日経連会長の桜田武、日本商工会議所会頭の永野重雄、そして、経済同友会代表幹事だった木川田の身辺警固にあたったとき、木川田は、

「植村が左翼からねらわれるのはわかるが、私の場合は右翼からではないのかね」

と笑いとばしたといわれる。

東大で河合栄治郎の門下生だった木川田は、河合譲りの理想主義的自由主義者で、企業の社会的責任を常に考えていた。

同じ七一年の六月十六日、木川田のもう一人の師、松永安左ェ門が九六歳で大往生を遂げたが、その葬儀に中日友好協会名誉会長の郭沫若が長い弔電をよこした。若いころ、日本に亡命して来た郭を、松永がかくまってくれたことを恩義に感じてである。

それに対して木川田は自ら筆をとって礼状を書いた。リベラルな木川田は、共産主義の中国に何の偏見ももっていなかった。むしろ、できるだけ早く国交を回復した方がいい、

と思っていた。

そんな思いを込めて書いた礼状に、郭は、

「中国と日本の間には、長く不幸の時代がありましたが、もしあなたに、そのお気持ちがあるなら、中国の各地を旅行してみませんか。そして、お互いに語り合ってみたいとも思います」

という手紙をよこした。

この手紙は、台湾から中国へ〝転身〟しようとしていた財界人たちに絶好の口実を与える。次々と名乗り出る厚かましい便乗組によって、肝心の木川田は顧問にされ、その年の十一月、東海林武雄を団長とする「東京経済人訪中団」は出発した。

しかし、右翼は誰が中心人物なのかを見誤らず、木川田の市川の自宅に爆竹が投げ込まれる。それでも木川田は泰然としていたという。

「木川田さんは、そうしたことにはぜんぜん驚きませんでしたね。また、あることを自分がやったとは言いたがらない人でした。いろいろと手を打ったことでも、あとでわかる。私も、どちらかというと、それを受け継いでいます。自分がやったとかは言いたくないですね」

秘蔵っ子といわれた平岩は、こう語った。

独裁者への抵抗

二〇一一年十一月十一日、読売巨人軍の清武英利球団代表はナベツネこと渡邉恒雄会長に対し、「渡邉会長が球団を私物化している」と記者会見を行い、糾弾した。

このいわゆる「清武の乱」のあと、私は『週刊金曜日』で清武と対談した。

そのとき、読売社会部時代に清武がキャップとして取材した『会長はなぜ自殺したか』（新潮文庫、のち七つ森書館）のことが話題になった。清武はこの本の「あとがき」で「組織の歯車になるな」とか、「誰かがもう少し早く指摘していたら」と書いたので、自分もドンへの反乱に踏み切らざるをえなかった、と打ち明けた。

「僕は恫喝は我慢できるけど、ポストでつられるのはすごく腹が立つんですよ。その程度の人間だと思われるのが癪だから」

清武はこうも述懐していたが、やはり譲れぬプライドがあるということである。

同書は日本の企業社会の歪みをシャープにえぐった優れたドキュメントだが、ミリオンセラーとなった高杉良の小説『金融腐蝕列島』や続編の『呪縛』（角川文庫）のドキュメント版だともいえる。

第一勧業銀行（現みずほ銀行）の会長だった宮崎邦次がなぜ自殺したかをこのように深

く追うのは容易なことではなかったはずである。少なくとも同期ではピカ一の社会部記者だったという清武をオルガナイザーとして、はじめてそれは可能だったのだろう。

第一銀行出身で第一勧銀の会長を務めた藤森鉄雄は、総会屋の木島力也との癒着について、自分はむしろ、頭取になった宮崎邦次に、自粛せよと注意したのだと語っているが、私が取材した限りでは、藤森に追われて第一勧銀を去った青木辰男の次の証言の方が真実に近い。

「藤森が、自分が相談役に退いてからも行内に影響力を保持したいがために、木島という存在を使ったんだよ」

そして、青木は「藤森が木島の虚像をふくらませ、宮崎と前会長の奥田（正司）がそれにとらわれた」と指摘する。まさに〝呪縛〟である。

名門銀行の第一勧銀が、なぜ白アリのような総会屋に巣食われることになったのか。さまざまな証言を軸にしながら、その謎に迫っていくこのドキュメントは、推理小説を読むようなスリルに満ちている。そして、読後、いかに日本の一流銀行（一流企業も同じ）が、哲学をもたない〝裸の王様〟たちによって恣意的に運営されているかを知って暗然となるのである。

いささか自慢話になるが、宮崎の遺書には「いつかは佐高さんに褒められるような銀行にしてほしい」という一行があったという。銀行はそれを発表しなかったが、あとで私に伝わった。当時、第一勧銀の広報にいた江上剛（作家）が『週刊朝日』に書いたからである。

私はかつて、「日本の社長はなぜ自殺しないか」という評論を書いて反響を呼んだ。この場合の社長とは大企業のトップのことだが、残念ながら、日本の会社はまったく変わっていない。それを要約したコラムを次に掲げよう。

決して自殺をすすめるわけではないが、日本の大手企業の社長は自殺しない。アメリカのコンチネンタル航空のフェルドマン会長が一九八一年に自殺した。ビジネス上の失敗がその原因だったが、このように、ビッグビジネスのトップが自殺することはアメリカでは少なくない。

しかし、日本で汚職や倒産などの責任を負って、大手の銀行や鉄鋼会社のトップが自殺することはない。かわりに、部長や課長などのミドルが自殺する。

一九七九年にKDD（現KDDI）密輸汚職事件が発覚した。元社長の板野学や元社長室長が業務上横領の罪に問われ、九一年三月に東京高裁で二審判決が出たが、収賄罪の郵政省元幹部職員を含めて、板野以外は一審で執行猶予付きの懲役刑を受け、それに服したのに対し、板野だけがまだ争っている。

この蔭で、これまで事件にかかわった二人のＫＤＤ社員が自殺したことは、もう忘れられた感じである。

よくアメリカの会社はトップダウンで日本の会社は社員の意向をくみあげるボトムアップだといわれる。しかし、それはうまくいった場合のことで、何か問題が起こったら、トップは「オレはそんなことは命じてないよ」ということが実際に通るのが日本の会社である。

上司から命ぜられて動くのでは出世街道はおぼつかない。上司の意をくみ、先回りして動くから、都合が悪くなったら上司は責任を逃れられる。部下は結果的に勝手にやったということになり、追い詰められて自殺する。

板野の現在と、自殺した二人の部下の姿が、それを象徴的に物語っている。

自分が命じたのだから、責任も自分がとるというトップダウンか、部下に存分に仕事をさせているように見えて、最後は逃れられるようになっているボトムアップか。

単純にボトムアップがいいとは言えないことを「社長が自殺しない」日本の会社の現実が苛烈に教えている。

第一勧銀の頭取、会長を歴任した宮崎の自殺は、一見、私の指摘に反するように見えるが、決してそうではない。秘書畑が長かった宮崎は、井上薫や藤森鉄雄に仕えた、いわばミドル的トップである。だから、前任者たちをかばって自ら命を絶ったのだ。

「君！　君を重役にしてやったのは、いったい、誰だと思っているんだ！」

総会屋の木島力也との癒着についての中堅幹部たちの〝査問〟に、藤森はこう言って激怒する。宮崎に対しても、藤森は同じような気持ちでいたに違いない。

そして、宮崎がなぜ自殺したかを追った清武は、この藤森に、それ以上のワンマンの読売新聞会長、渡邉恒雄の姿を重ねたに違いないのである。九〇歳を前にしても会長を退かない渡邉が老害の最たる者であることは言うまでもないだろう。

日本の社長（あるいは会長）は自分で自分を選ぶ。自分が選んだ取締役によって選ばれるからである。それで、自分でやめると言わなければ、いつまでもやめなくてもいい。そうした日本企業の経営者に抵抗するのは容易なことではない。

第二章

企業教のマインドコントロール

松下幸之助という教祖

日本人は無宗教だとよく言われるが、私はそう思っていない。日本にはトヨタ教とか、松下ＰＨＰ教とかの「企業教」があるのだ、と反論してきた。企業教のマインドコントロールは、オウム真理教（現アーレフ）のそれなどよりよっぽど強い。それに会社には、社宅という名のサティアンもある。

オウム真理教の麻原彰光という〝狂祖〟が捕まったとき、私はこう書いた。

「サラリーマンという名の日本の企業教の信者たちは、麻原逮捕でホッとするのではなく、オウム真理教と、自分が染まっている企業教の間にどれだけの距離があるか、改めて考えてみるべきである」

残念ながら、この警告はそのまま現在も有効である。なかでも強力な企業教がトヨタと松下のそれである。

その信仰の現場を見に、以前、大阪の門真市にある松下電器産業（現パナソニック）の本社を訪ねたことがある。

松下電器やその系列では、毎朝、始業時に全社員が職場ごとに分かれて朝会を開き、終業時には夕会を行う。

朝会の場合は、当番の社員が前に出て巻物を広げる。巻物には綱領、信条、そして、「松下七精神」が書かれている。

一、産業報国の精神
一、公明正大の精神
一、和親一致の精神
一、力闘向上の精神
一、礼節謙譲の精神
一、順応同化の精神
一、感謝報恩の精神

これを全員で唱和して、その後、順番に所感を発表し、社歌斉唱で終わる。

松下電器の朝会というと、この社歌斉唱や松下七精神の唱和が有名だが、松下の社員にとっては、朝会といわれてパッと思い浮かぶのは所感発表である。

各職場単位に、毎朝当番を決めて、三分間ほどのスピーチをする。たとえば門真市にある本社の、総務、経理、人事の社員約一五〇人は通用門前の広場に集まり（雨の日は廊下）、順番にしゃべるのである。高校を出たての女子社員から、勤続何十年のベテランまで、差別なくしゃべる。

話す内容は何でもかまわないのだが、帰りに守口の駅まで送ってくれた社用車の運転手も、「所感発表はいつになってもドキドキしまんな」と言った。

私が行った日は、前年、高校を出て入社した女性が、好きな動物について話したが、まことに堂々とした話しっぷりだった。

たとえばPTAの会合などで、臆せず話す母親に出会ったら、元松下の社員と思って、まず間違いないという話を聞いた。

夕会では「松下行進曲」を斉唱する。社員に違和感を覚えないか、と尋ねたら、一週間ぐらいで慣れた、ということだった。中堅社員のYは、「入社当時はびっくりした。いまは仕事の一部と思って、慣れっこになったけれども」と言い、若手社員のKは、「特に反対するほどのことではないし、毎朝、大声を出せば、健康にもよいと思って……」と言っていた。つまり、それ以後は何ともなくなって、完全にマヒするということだろう。これも会社が忖度社会や忠誠心を競う社会であることのあらわれともいえる。女性社員の一人はバカらしくて、ロパクで済ませているとか。

こうした朝夕会も、世界各地の事業所に〝輸出〟するのはなかなかむずかしく、朝夕会のスライドなどを使って普及に努めているという。

松下電器の場合はやはり松下幸之助という教祖の存在が大きい。

日本は〝会社国家〟であり、企業教がマインドコントロールしているのである。

「経営の神様」の消費者無視

一九八九年四月二十七日、その会社国家で「経営の神様」と呼ばれた松下幸之助が亡くなった。享年九四。

「コーノスケ・アンド・ヒズ・カンパニー」を解析することは、ある意味で、日本を解析することである。その大仕事に立石泰則は挑み、『松下幸之助の昭和史』（七つ森書館）を書いた。

幸之助が実権を握っていたとき、松下電器がコンピュータへ進出するかどうかが問題になったことがあった。しかし、「神様」の幸之助が、コンピュータは先行投資にカネばかりかかって儲からんようだからやめや、と言ったために進出しないことになった。

「神様」のこの〝ご託宣〟はその後の松下電器を長く縛ることになる。同社においてコンピュータへの進出を言うこと、すなわち、脱家電を主張することは、脱幸之助を意味することになり、タブーとされていくのである。

結局、幸之助が亡くなるまで、松下電器においてコンピュータへの進出は本格的にとりあげられなかった。

立石はこの本で、「幸之助神話」が仇となったという視点から、昭和史のなかの幸之助を丹念に追っている。

松下電器のコンピュータからの撤退を知らされた日本電気（NEC）の小林宏治副社長（当時）はその真意を計りかねて、こうクビを傾げたという。

「松下（幸之助）さんともあろう人が、この有力な未来部門に見切りをつけるとは、いかにも残念。分からない。コンピュータは今でこそソロバンが合わないが、しかし、これは将来必ず、家庭電器の分野にも不可欠なものになる。松下さんは一体、何を考えていなさるんだろうか」

城山三郎は、幸之助を「経営の神様」ではなく、「金儲けの神様」と評した。しかし、実は「金儲けの神様」でもなかったということである。

松下電器は「マネシタ電器」とあだ名されたように、巧妙に他社の技術を盗み、それを販売店で強力に売らせることによって大きくなってきた。だから、本当の意味のクリエイティヴィティーはもっていない。

松下は家庭用VTRの、いわゆるビデオ戦争でも、反則まがいのことをやった。

一九七四年九月にソニーは松下電器と日本ビクターにVTRの共同開発の申し入れをし、カセットと図面を手渡した。VTRの技術開発ではソニーが先行していたが、ソニーの盛田昭夫が、松下幸之助がまだ生きていた当時に、規格を統一して消費者に不便をかけないように手を結ぼうともちかけたのである。それなのに翌年九月、松下は、ソニーに何の連絡もなく、松下傘下の日本ビクターを使って独自開発したというＶＴＲを発売した。

ソニーにすれば、自分たちが規格統一を呼びかけ、公開したＶＴＲの製品と技術を参考にして松下が抜け駆けしたと思わざるをえない。

一時、ソニーのベータ方式と松下のＶＨＳ方式で互換性がなく、利用者は不便をかこったが、それは明確にマツシタならぬマネシタ横取り商法のもたらした混乱だったのである。

私はそのあとの谷井昭雄という社長に直接、「あれはおかしいじゃないか」と言ったら、「そういう見方もあります」などと谷井は言葉を濁した。

「経営の神様」の消費者無視は、すでに、カラーテレビの二重価格問題でも明らかになっていた。

一九七〇年の夏から秋にかけて、カラーテレビの国内向け出し値とアメリカ向け港渡し輸出価格、つまり、国外向け価格とに格差があると問題になったとき、松下電器だけが価格を下げないという強硬な販売作戦をとった。

それに対して、地婦連（全国地域婦人団体連絡協議会）の田中里子事務局長（当時）は、「まったく消費者をバカにした話だ。松下がこのような態度を打ち出したのは、私たち消費者運動に対する挑戦だと思う。年末商戦の時期を控えて、消費者運動に対するメーカー側のあの手この手の切り崩し作戦が次々と出てくることが予想されるが、私どもは松下の系列店を狙い撃ちにボイコットするなど、強力な対抗策を全国六〇〇万の会員に訴えていくつもりだ」

というコメントを発表し、以後、同社にその怒りが集中する。

それに、逆ギレした幸之助は、目を真っ赤に腫らして、こう言ったという。

「松下電器の経営に縁もゆかりもない、いわば主婦の人たちが土足で支社や本社に来て、自分が営々と培ってきた販売政策を変更せいという。そういう理不尽なことが、この法治国家で許されていいのか。これでは、無法地帯やないか。ワシは、そんなの許さん。世の中と政府と、全てに腹が立ってしょうがないんや。眠れんのや」

どちらが理不尽なのか。

幸之助神話の形成のためにつくられたのがＰＨＰ研究所である。これについても、立石は犀利なペンをふるう。

「ＧＨＱの各種指定で松下電器と幸之助には『戦犯企業』『戦犯』というイメージがつきまとっていた。そんな幸之助が主宰するＰＨＰ活動に、多くの国民が何か胡散臭いものを感じとったとしても無理からぬことであった」

立石はこう指摘し、ＰＨＰ活動は松下の戦犯企業、戦犯というイメージを払拭するための運動だったという「根強い見方」を紹介する。

立石は最初、この本について「松下幸之助を神様にした男たち」という仮題を考えていたという。つまり、幸之助の崇拝者たちを描こうとしたのである。

あるアンケートによれば、戦後の経営者で断然トップの人気を誇るのは松下幸之助であり、企業を家業にしなかった本田宗一郎の得票はその半分にすぎないという。ということは、社内だけでなく、社外にも、「幸之助を神様にする男たち」はいるということであり、「神話」はこれからも増殖され続けていくということである。

松下政経塾は「最大の欠陥商品」

漫画『課長 島耕作』を描いた弘兼憲史は三年ほど松下電器に勤めていた。だから、毎朝、「松下七精神」を職場の人間と一緒に唱え、社歌を歌っていたわけである。

松下幸之助が、天理教の繁栄に心を打たれ、「われら生産人には、その崇高さにおいて、宗教に対して何らの逕庭《けいてい》もない大いなる使命の存することを知った」のは有名な話である。

そして、「われらの経営こそ、われらの事業こそ、天理教以上に盛大な繁栄をせねばならぬ聖なる事業である」と一念発起したのであった。

松下電器には傘下の全員が参加する親睦グループ歩一会があり、いまはなくなったが、年一回の運動会には、帽子と上着がお揃いの紺、霜降り木綿の異様な制服を着て参加しなければならなかったと語るのは、幸之助を〝おやっさん〟と慕い、「松下王国」の建設に力を尽くして『拝啓 松下幸之助殿』（一光社）を著した元松下電器貿易専務の斎藤周行である。

斎藤はこの本のなかで、松下家へ年賀に参上した社員は、玄関で挨拶して帰る玄関先組と座敷まで上げてもらえる昇殿組とにはっきり区別されていたことなどについて述べたあと、松下幸之助の「松下王国」建設への並々ならぬ深い配慮と遠大な計画について次のように書いている。

「毎朝、始業前には社歌が斉唱され、松下電器の遵守すべき精神のかずかずが唱えられる。そして必要な際には、訓話という形の説教が行われ、そのあとやっと一日の仕事が開始される。もちろん、現在でもある種の企業ではこうした行事が繰り返され、それはそれなりにモラールの昂揚に役だっている。また、一日の業を開始するに当たっては、ダラダラと仕事にかかるよりも何かピリッとした行事を経てスタートすることの方が、能率を上げるという点からも効果的といえよう。が、私などが体験した社歌斉唱に始まる行事は、今日に見られる各社のこの種の行事にくらべ何となく宗教的雰囲気に包まれていたようだ。さらに突っ込んで勘繰れば、社歌斉唱は自己催眠をかけるための呪文の役割を果たしていたのではないかと、そう思い返されるのである。

というのは、この社歌斉唱は赴任者等の駅頭見送りなどでも行われたが、こうした場合など、この自己催眠的な効果が特に強く感じられたからである。大の男が数十名、人目の多い駅頭でハタ迷惑もあらばこそ、声を合わせ、声を限りに自分の働いている会社の歌を合唱するなどということは、普通の神経ではかなりの抵抗を感じるのが当然であろう。私自身も最初のうちは恥ずかしいやら照れ臭いやら、ともすれば声が小さくなるといった抵抗を覚えずにはいられなかった。ところが、声を張りあげて唄っているうちに、いつしか照れも恥ずかしさもすっかり忘れてしまい、しごく当然のことをしているような気になったのだから不思議である」

かつてナチの宣伝相ゲッベルスは「宣伝とは繰り返すことである」と言ったが、〝松下PHP教〟のこのやり方とナチのそれに「かなりの類似点が見られる」ことを著者の斎藤は認めている。

松下幸之助は松下政経塾なるものまでつくった。私は「松下電器の最大の欠陥商品」と言っている。やはり、電気製品をつくるように人をつくったのか、野田佳彦や前原誠司など、欠陥商品に近い政治家しか出していない。だから、私は松下政経塾と呼ばず、松下未熱塾と揶揄している。

社畜ならぬ〝社霊〟

『ZAITEN』二〇一四年十一月号では、「元祖ブラック企業教祖『稲盛和夫』と『盛和塾』」というタイトルで特集を組んでいる。実に的確なネーミングだ。

稲盛和夫の名前から名づけられた「盛和塾」というのが全国にある。稲盛から「経営哲学」を学ぶとやらの盛和塾の会員は現在九〇〇〇人近いというが、中小企業の経営者はこれまたこういった類いに実に弱い。

その熱烈な稲盛信者には、ぴあの社長の矢内廣や「俺のフレンチ」の坂本孝など、キワモノ的経営者がゾロゾロといる。

稲盛の哲学を記したという『京セラフィロソフィ』（サンマーク出版）なる本が一五万部も売れているらしいが、逆に言えば、それは経営者一人ひとりが自立していないということの証左でもあろう。評論家の竹田隆彦はこう酷評する。

「稲盛がこの本（『京セラフィロソフィ』）の中で何度も何度も強調する『努力』、『精進』、『無私』、『利他』、『謙虚』、『素直』、『勇気』、『真剣』、『公平』、『感謝』、『信念』、『率先垂範』は、仕事だけでなく、人生においても、すべて大切なことである。（中略）……書かれていることは、人間としての普遍的な徳目ばかりで、稲盛が独自につくった概念や哲学が書かれているわけではない。いわれているような『稲盛哲学の真髄』などといったオリジナルなものは、どこを探してもない」(前出『ZAITEN』)

相田みつをのような人物がもちあげられることと、何か通ずるものがある。

経営の神様とあがめられる稲盛に、京セラと第二電電の次にもう一つ加わったのは、日本航空(JAL)の再建に取り組み、見事再生させたという神話である。しかし、それはおかしな話だ。

小沢一郎のブレーンで蜜月の関係にあったことはよく知られる稲盛だが、彼はまた、前原誠司の後援会長も務めている。民主党政権が経営破綻したJALに多大な便宜を図ったことは記憶に新しい。会社更生法を申請した当時、JALの負債総額は二・二兆円、債務超過額は約一兆円もあった。そこで、JALの代表取締役会長に就いた稲盛が手腕を発揮したというのだが、実際は民主党政権が莫大な公的資金をつぎ込んだうえに、特例で法人税を免除しての再生だったのである。

そんなJALと競争させられる全日空(ANA)はたまったものではない。また稲盛によって変な神話がつくられた。

京都府八幡市の円福寺に「京セラ従業員の墓」なるものがある。パナソニックが高野山に事故などの殉職者を葬って墓をつくっている例はあるが、希望する従業員やその家族が死後入れるという従業員の墓はめずらしい。〝社畜〟どころか、〝社霊〟である。

「死んでまで一緒にいたいのか」とちょっと背筋が寒くなるが、それで私はこの気持ち悪い会社のことを「京セラ」と書かずに「狂セラ」と書く。稲盛はかつて生長の家の信者だったというが、すでに〝狂セラ教〟の教祖である。

「京セラ従業員の墓」については、特に外国人ジャーナリストから質問を受けるたびに、返答に窮してきた。正気の沙汰とは思えないからである。どう思うかと聞かれても、こちらが恥ずかしくてコメントできない。京セラからも「誤解があります」などと何度か接触してきたけれども、誤解もへちまもあるかと断ってきたが、一回くらいは会ってみてもよかったかもしれない。中途退職者も多く、まともな神経では勤めていられない。

墓ついでに言えば、西武鉄道グループの総帥だった堤義明は社員たちに、鎌倉霊園にある創始者の堤康次郎の墓参りをさせていた。

西部邁と私の対談『ベストセラー炎上』(平凡社)では、稲盛和夫著『生き方』という本を俎上に取り上げたが、西部もこの話を知っていた。

西部　堤康次郎の墓に、十年前に人から聞いた話で今はどうか知りませんが、西武鉄道の部長だか、課長だかが、ちゃんと墓守のために人を動員して、夜を徹して墓を守るわけでしょう。

佐高　掃除したりするんです。

西部　そうでしょう。そこにしっかり出席するということが、やっぱり出世の少なくとも必要条件でね、そういうみっともないことをよくやると思う。でも、この魂を鍛えるというのはそれと同じことですよ。稲盛教に入って、「魂を鍛える、魂を鍛える」と唱えるのは。

佐高　『朝日ジャーナル』で西武鉄道グループのことを書いた張本人が私なんですよ。「企業探検」というシリーズで本になっています。

西部　あなた、恐ろしいことをやっているね。

佐高　取材ですよ。当時の朝日ジャーナル編集長は筑紫哲也でした。運動場のようにすごく広いところに入ってみると、ポツンと墓があるんですよ。それで、カメラマンがその墓の写真を撮ったんです。そうしたら、そこに入ったことがバレるから、せっかく潜入取材をして撮影した写真を雑誌に載せるのはやめようということになった。筑紫さんが言ったのか、デスクが言ったのかはわかりませんが、ちょっと待ってくれ。私はフリーランスの身で、原稿を読めば、墓の中に入ったことがはっきりしている。俺は訴えられてもいいのかという話ですよ（笑）。そんな後日談を思い出しましたが、取材してわかったのは、本当に希望者がやって来るんだということです。

西部 何かねえ。

佐高 希望という名の何か。断れない希望ですよね。

朝礼での〝集団催眠〟

元幹部の伊部四郎の『京セラ・血塗られたバランスシート——稲盛和夫の凄絶経営』（山手書房）に、こんな一節がある。

第一次オイル・ショックを何とか乗り切った一九七六年、総務担当部長が社長の稲盛を表彰しようと言い出したのだという。このゴマスリ部長は創業期に稲盛が市営住宅に住んでいるとか、パチンコが好きだとか言って、その庶民ぶりを喧伝《けんでん》した人であり、大マジメにこれを主張して、ついに実現にこぎつけた。一〇〇〇人近い社員から合計数十万円を集め、兜を贈ることにしたのである。幹部の二〇〇人ほどが集まって稲盛を呼び、こう口上を述べる。

「社長は、私どものために、日夜、心をくだかれ、我々をリードし、温かく激励して下さり、同時に、会社の利益を最大に向けてゆく努力を怠らず、非常に素晴らしい成績でこの会社を運営されていることを、我々社員は本当にありがたく思っております」

稲盛は目録をもらって涙ぐんだというが、呆れた茶番だろう。

京セラでは、毎朝七時五十分、役職者、ヒラを問わず、全社員がモップやバケツをもって掃除する。そして、ほとんどの社員が夜十時ごろまで働くという労働基準法立ち入り禁止のような京セラを経営する稲盛が「国際派」と呼ばれるのだから、日本の経営者もお粗末極まりない。

稲盛は一九八四年に稲盛財団を設立し、京都賞をつくった。そして、翌八五年の第一回特別賞にノーベル財団を選んだのである。世界で最も著名なノーベル賞を出している財団に賞を贈れば、京都賞はノーベル賞の上になるとでも思ったのだろうか。カネだけはノーベル賞と同格のこの賞の授与式に、スウェーデンから王妃まで招いて、失笑を買った。

この年に京セラは、武器輸出三原則違反、薬事法違反、そして電波法違反と、三つの違反でマスコミを賑わせる。

京セラのアメリカの子会社が武器輸出三原則に違反したことについて京セラは「いい加減な嘘だ」と抵抗したが、人工骨を厚生省（現厚労省）の承認を得ないで売っていたという薬事法違反と、NTTにしか認められていなかったコードレステレホンを製造・販売して電波法に違反していたことは渋々ながら認めた。

前記の本で伊部は、京セラの朝礼の模様を、

「戦闘開始の合図で、全員、ウォーッと叫ぶんですよ」

と語り、

「なぜ、全員が一つになって吼《ほ》えるのか。それは、社員の精神力を集約して、心のすべてを生産に叩き込むためなんだ。同一の行動を足並みそろえてとるための行動なんです」

と説明している。

つまりは、集団催眠にかけるということだろう。私はパナソニックのPHP教経営を、そのマインドコントロールぶりにおいては、オウム真理教の上を行くと指摘したが、その松下よりさらに狂的なのが、京セラ稲盛の経営である。

しかし、経営者やサラリーマンのアンケートをとると、松下幸之助や稲盛が「尊敬する経営者」、あるいは「評価する経営者」として上位にランクされる。社畜はあくまでも、とにかくエサをくれる経営者を求めるということだろうか。

社宅という日本的風景

「社宅は金でつくられた鎖である」という言葉がドイツにはあるそうだが、日本の企業では社宅や寮をもっているところが非常に多い。

国際労働機関（ＩＬＯ）では、企業の提供する社宅に住むことは、労働者を必要以上に企業に縛りつけ、労働者に好ましくない影響を与える危険があるという理由から、「使用者が労働者に住宅を提供することは望ましくない」という勧告を何十年も前に採択している。

たとえばイギリスは公営住宅が発達していて、社宅や寮をもつ企業は非常に少ない（一九七一年時点で〇・二％）のに対して、日本の場合は、二〇〇七年の厚生労働省の調査によれば、従業員一〇〇〇人以上の大企業の八二％が社宅や寮をもっている。

社宅というものが極めて日本的風景であることがわかる。

社宅の住み心地はどうなのか。

かつて、『朝日新聞』の連載コラムで社宅は社員を家畜ならぬ社畜にする〝社畜小屋〟であると書いた。

それについて、次のような相反する手紙があった。まず、賛成意見。

「読みながら思わず、〝そうよっ！　そのとうりーっ〟と叫んでしまいました。筆不精の私もペンをとらずにはいられませんでした。

私も社宅のなかで苦しんでいる者の一人です。主人の仕事は転勤が数年ごとにありますので、そのつどに個人で住宅を探すのは大変なことですから、社宅があるのは大変ありがたいと思います。しかし、社宅が大きいと(いまのところも全部で七二世帯)、社宅のなかで社会ができあがってしまい、地域のなかになかなか溶け込めません。その社会というのも主人の会社の上下関係で社宅内の妻や子供の関係も決まってしまい、大変息苦しい生活です(ここにもノイローゼの奥さんがいます)。転勤になると、見知らぬ土地に行くわけですから、社宅だと何かと安心でしょと言われますが、とーんでもない。今度はどんなチェックばばあがいるか、どんな派閥があるか、また、どんな息苦しいおつきあいが始まるかと思うと、うんざりです。私も〝社宅は分離すべき〟というのに大賛成です。早くうちの会社もそうならないものかと強く願っています。もっともっと、そういう考え方が世の中に広がってほしいものです」

実際に「息苦しい生活」を送っているだけにナマナマしい。「チェックばばあ」という表現など、思わず噴き出してしまうが、この手紙を書いた人にとっては笑いごとではないのだろう。

それに対し、「東京出身で大阪近郊在住」の五〇代の主婦の手紙は、「テレビなどで拝見して佐高さんを尊敬していましたが、社宅については昔の知識しかなく、現状を知らないと甚だ遺憾に思い筆をとりました」と、のっけから抗議調である。

彼女は、「政府の住宅政策に一番問題がある」としながらも、東京の家賃を考えれば、社宅がなければ子どもも産めないという実態を「佐高さんや企業の経営者はご存じでしょうか」と尋ねている。

困るのは、こういう手紙である。個人の問題と社会の問題をゴッチャにして迫ってくるからだ。

不便だけれども自立の道を選ぶという発想がこの「主婦」にはない。

もちろん、私は東京に住んでいるから、東京の（大阪も似たようなものだろう）住宅事情は知っている。しかし、だから社宅は必要なのだ、ではいつまでも問題は解決されない。会社が社会の代わりをしていることが怖いのであり、一時の「不便」を忍んでも、それを変えていかなければならないのである。この人は、たとえば息子に社宅のある会社に入れと言うだろう。そうした会社を「いい会社」として強く推すだろう。私はあえてそれを〝奴隷の幸福〟と呼ぶ。

社宅ではなく公営住宅を増やせ、理想論だと言われても私はそう叫び続ける。それは社宅の現実を知っているからである。

もし会社で上司と喧嘩してやめることになれば、すぐに社宅から出て行かなければならない。しかし、公営住宅に住んでいれば、会社をやめてもそんな心配はない。社宅に住むことは、理不尽な上司に対して、喉まで出かかった言葉をのみこんで従わざるをえなくなることも含んでいるのである。

社宅における相互監視

作家の深田祐介と対談したときに、社宅の話が出た。

深田は日本航空に勤めていたある時期、ずっと社宅に住んでいたというが、同じ社宅の住人たちはだいたい同じ道を通って会社に出かける。なかには相性の悪い嫌な同僚もいて、そうした人とも一緒に行かなければならない。しかも、出勤時間もほぼ決まっている。たとえば隣の人と一緒に行きたくないと思うと、毎朝、玄関で靴を履きながら中腰の姿勢で隣をうかがうというのである。隣が出たなと思うと、少し遅れて出て行く。こうした中腰の姿勢を毎朝、何年か続けたという。

また社宅は相互監視の役割ももっている。

ある平日、会社を休んだ深田は散歩に行こうとした。すると、社宅の広場のようなところにたむろしていた社宅夫人たちにつかまり、

「あら、深田さんのご主人。今日はお休みですか」

と語尾が上がる調子で聞かれる。つい立ちどまった深田が挨拶する間もなく、

「うちの主人は昨日も残業で、今日も朝早くから出て行きましたのよ」

と追い撃ちがかかる。

そう言われて深田は回れ右して自宅に戻ったらしい。

つまり、社宅夫人は会社が無料で雇っている「くノ一」（女忍者）なのである。たとえ有給休暇であっても「会社を休むことは悪い」ことになってしまう。

あるとき、彼の奥さんが洗濯機の水を出しっぱなしにしていたところ、それが下の階の上司の家に漏れて苦情が入ったことがあった。すぐに謝りに行ったのはもちろんだが、それ以後、会うたびに、「君と僕とは洗濯機の仲だから」と言われたとか。

有名なサラリーマン川柳に、

・社宅では犬も肩書き外せない

・しっぽ振るポチに自分の姿見る

・運動会抜くなその子は課長の子

というのがあるが、重兼芳子著『うすい貝殻』（文藝春秋）には、ある社宅夫人が夫からこう言われる場面が出てくる。

「おれはこの社宅の中では一番下っ端なんだぞ。会社に行けば部下はいるが、役付きの中では新米だ。おれが下だということは、お前も奥さんの中で一番の下っ端なんだ。いいか、アパートとは違うんだぞ。社宅に住む以上は、地位の序列のとおりに奥さんの序列もきまるんだ。とにかく控えめに、出過ぎぬように、知っていることも知らんと言え、わかったな」

このような社宅なるものを、日本では労働組合が積極的にそれを要求してしまったとはいえ、企業が「わが社は社宅が完備しています」というのは、「犬小屋が立派です」というのとどれほど違うのだろうか。

本田宗一郎は社宅というのは残酷な制度だと言った。

「どうしてもつくらなければならないのなら、バラバラに分散しろ。そうでなければ社員を二十四時間、会社に拘束することになる。それでは新しい考え方も会社に入ってこないし、会社は発展しない」

会社と社会は地続きでバリアフリーの方が社会の風が入ってきてよい、と私は思っているが、その障害の一つが社宅なのである。

企業ぐるみ選挙

社宅の弊害はほかにもある。

社宅では、会社の〝階級〟をそのまま持ち込んで格差をつけているのに、思想とか考え方は均一に統制しようとする。

かつて、企業ぐるみ選挙というのがあった。田中角栄が自民党総裁だったとき、各企業に候補者を割り当て、当選するよう運動させたのである。

たとえばタレントの山東昭子は日立グループ、コカ・コーラ、東レ、「おばんです」の元NHKアナウンサーの宮田輝はトヨタ自販（現トヨタ自動車）、郵政官僚の坂健は三菱グループといった具合に応援させた。

それについて、日立製作所に勤めていた作家の浅川純が、こんな「秘話」を明かしている。

選挙対策の総責任者である総務担当の常務が、全事業所長を集めた席で、「全国区は山東昭子」と通達したら、ある研究者あがりの工場長が手を挙げ、

「なぜ、山東昭子なんですか」

と質問したという。

まじめな工場長だったのだろう。

彼は工場に帰って、何千人もいる部下に、全国区は山東昭子にと指示しなければならない。

それには、たとえこじつけにしろ、何かもっともらしい推挙理由がなければ困ると思って、尋ねた。

すると常務からは、

「そんなことも聞かなきゃわからないのか！」

というカミナリが返ってきた。

つまり、常務にも理由らしい理由はわからないのであり、それは聞くな、ということなのである。

そして、とにかく与えられた候補を「仕事として」応援して当選させることが要求された。それぞれの奥さんの一票も当然、計算に入れられる。山東昭子が来て挨拶したときにはみんな動員される。総務の人間が子会社や関連会社に行って頼むときは出張扱いになる。

おそらく浅川はその場にいたのだろう。

浅川の『わが社のつむじ風』（新潮文庫）は企業ぐるみ選挙という「つむじ風」に巻き込まれた「日出製作所」の人々を描いている。

この選挙にあたっては、五島昇東京商工会議所副会頭（東急社長、いずれも当時）は「企業人というのは、日本の社会人でも優秀な人たちの集まり。それに今日のように企業が巨大化すると、社運をかけた取引でも、担当するのは社内の一部分。選挙のように、会社ぐるみで取り組むと、企業意識も高まる」と述べたが、坂健候補を支援した三菱グループで、同グループの最高決定機関である「金曜会」（グループ二七社の社長、会長で構成）からも批判が出たのに対して、同候補の後援会長となった大久保謙三菱電機会長（当時）は、もっとムキダシに「そんなことをいうのは、三菱のエリートではない。大バカ者です。保革逆転して、共産党が自衛隊や警察を自由に使えることになったら、どんなことになりますか」（一九七四年六月十八日付『朝日新聞』）と発言した。

事実、三菱グループ各社では「われわれ三菱グループをはじめ、同志一同、火の玉となって勝利を勝ち取らなければならない」と言って〝出陣式〟をやり、部課長が手分けしてポスターを貼って歩いたといわれる。

清水一行の『企業爆破』（青樹社）は、このときのありさまを描いた小説だが、「千代田財閥グループ」の「千代田電機」に、選挙運動用に一〇名から成る総務部文書三係が新設され、下請け会社に票のとりまとめを押しつけるなど〝社命〟によって選挙運動をする記述は、ほとんどノンフィクションといっていいだろう。

だが、固く踏んで七五万、フル回転すれば一五〇万と読んでいた票は、候補者の知名度の低さもあって四八万票余りで落選した。その後、この「文書三係」のメンバーは「企業ぐるみ選挙」への批判が高まったことも手伝って社内でも厄介者扱いされることになる。

清水は、こうした企業の横暴ぶりが一九七四年夏の三菱重工ビル等の「企業爆破」につながったと筋を運びながら、メンバーの一人に「政治的な主張、つまり良心というか、心までを、わたしたちが支配し買うことはできないんです。社員の心を支配できると過信し、錯覚したのは千代田グループの首脳たちじゃないんでしょうか。どうしてわたしたちがその責めを負わなければならないのでしょう」と言わせている。

しかし、企業ぐるみ選挙というのはやはり形を変えて存続している。

あれから四十年以上経ったけれども、社畜の意識はまったく変わっていない。現在は、「なぜ」と問う人もない。

企業の社員研修と修養団

東京・代々木の日本共産党本部の、明治通りをはさんだ向かい側に「修養団」の本部がある。修養団は、財団法人の社会教育団体だが、この修養団が戦前と戦後を貫いて、企業の社員教育に大きな影響を与えてきた。その修養団を手がかりに、日本の企業の戦前と戦後における「変わらなさ」を考えてみたい。

そもそも、修養団とはどういう目的で、どんな人間が集まっている団体なのか。

試みに平凡社の『世界大百科事典』を引いてみる。

「忠誠、献身、勤労などを普及して帝国政府の御用をつとめた教化団体の最大の代表で、第二次世界大戦敗戦当時に団員の累計は六二〇万に達していた。一九〇六年に師範学校生だった蓮沼門三が創立し、その主幹となって現在にいたっている。（中略）第二次世界大戦後は滅亡に近づいたが、追放をまぬがれ、一九五一年ごろから復活して、ふたたび工場などにも進出している。機関紙『向上』をもつ」（佐木秋夫）

私がこの修養団という団体にぶつかったのは、一九八四年、『夕刊フジ』に連載した「ジーンズが背広にかわるとき」で、企業の研修を取材したときだった。

一九八三年一月三十一日号（国際版は二月七日号）の『タイム』に、伊勢神宮の五十鈴《いすず》川での衝撃的な「みそぎ研修」の記事が載ったのである。

書いたのは、当時二二歳のアラン・タンズマン記者。実際にその研修に参加し、一月初旬の夜、フンドシ一つになって肩まで五十鈴川に浸かったタンズマンは、外国人特有の語尾を引っ張る日本語で、

「とにかく冷たかったですよう」

と語る。気温は零度前後だった。

白地に黒く「愛汗」と染め抜いた鉢巻きを締め、明治天皇の次の〝御製〟を歌いながら川に入る。

五十鈴川清き流れの末汲みて
　こころを洗へあきつしま人

水行とも呼ばれるこのみそぎは約一分間。

しかし、タンズマンには、これは「エターナル（永遠）に思えた」という。

タンズマンは『タイム』に、日立、三菱、トヨタ、そして丸紅といった「ビッグ・カンパニー」の社員が参加したと書いているが、この修養団神都国民道場（現修養団伊勢青少年研修センター）の伊勢講習会に社員を送っている中心企業は、日立製作所、住友金属工業（現新日鐵住金）、そして宇部興産などである。

道場主の中山靖雄は、「こざかしい理屈を捨て、バカになって物事に挑むきっかけをつかませるのだ」と言っているが、タンズマンは、多くの社員が、自分のプライバシーの時間に会社から、「強要はされないが奨励」されて、ここに来ていることに驚いた。おまけに、みそぎを終えて、感動して涙を流している者までいるのである。

八三年春の時点で、修養団は顧問に松下幸之助（松下電器相談役）、中安閑一（宇部興産相談役）、土光敏夫（東芝相談役）、安岡正篤（全国師友協会長）、駒井健一郎（日立製作所相談役）、大槻文平（三菱鉱業セメント会長）、日向方齊（住友金属工業会長）、小山五郎（三井銀行相談役）といった著名財界人らをズラリと並べ、理事長には若築建設会長で元参議院議員の有田一寿がなっている。

また別に、後援会があり、会長に中安閑一、副会長に駒井健一郎、日向方齊、大槻文平、小山五郎が名を列ねていたのである。

修養団のある講師は、「日本を弱体化するGHQの占領策によって、家庭と学校は破壊されたが、それを辛くも支えたのは企業だ。企業内教育によってようやく秩序が保たれたのだ」と言っていた。

修養団とは何か

それでは、終戦の詔勅を聞き、ショックで失神したという蓮沼門三が、どのようにして修養団運動をはじめるに至ったかを追ってみよう。

蓮沼門三は、一八八二年二月二十二日、福島県会津盆地に高橋岩四郎の長男として生まれた。しかし、まもなくこの父親が〝蒸発〟し、門三が三歳のとき、母親は門三を連れて、喜多方市に住む蓮沼市太郎と再婚した。

その後、門三は貧苦のなかに幼少時代を送ったが、独学で小学校の準教員となり、福島師範受験に二度失敗するも挫けず、単身上京して、一九〇三年春、青山師範（現東京学芸大学）に入学する。

そして、一九〇六年二月十一日、清掃美化運動から始まった「修養団」が旗揚げされるのだが、このとき、蓮沼が起草したのが次の三大主義だった。

第一　瞑想する。瞑想することにより以下のことができるのである。したがって、毎夜寝る前に床をのべたところで、座って瞑想するのである。

イ　まず胆力の養成。

ロ　忿怒《ふんぬ》を鎮圧する。いかなるときにも怒るということを抑える。

ハ　情欲の鎮静。

ニ　学問の工夫。

第二　偉人崇拝の精神を涵養する。

第三　流汗。汗を流し、努力して理想の寄宿舎を建設する。

それには、

イ　清潔心を養う。

ロ　同情心を養う。

ハ　個人制裁を重くする。

ニ　全校生徒の談話会を開く。

ホ　『修養団』というガリ版の小雑誌を刊行する。

ヘ　寄宿舎の設備を完全なものにする。さらにこのへを徹底させるためには修養室を作ること。自習室をきれいにする。談話室、応接室、食堂をきれいにする。花壇も作って草花を植える。食堂をさらに改良して自炊制度を確立する。図書館を拡張する。それらの点について、具体的に研究する。

このなかで、私は特に、第一の口に注目したい。「忿怒を鎮圧する。いかなるときにも怒るということを抑える」である。これが企業に入ったとき、どういう役割を果たすか。それはともかく、校長をも巻き込んで、この運動はスタートし、蓮沼は頬を紅《あか》くして、次のような修養団設立趣旨を読み上げた。

「同盟団結の力をもって、個人修養の推進力たらしめ、和協一致、まず、東京師範に総親和、総努力の理想郷を建設せん。来たれ友よ！　醒めよ　同志よ！

本日、天晴れ気澄みて、神武天皇大業成就のめでたき日、誓願を仰いで集う数百の同志が、邦家の前途を思い、殉国の覚悟を胸に秘めて、いま修養団の創立を見ることのでき得ましたことは、共に慶賀にたえないところであります。われわれが、いかに世のため、人のためを思い、善風作興を祈ったとて、個々別々で仕事をしたのでは、とうてい成就するものではありません。これを成就させるには小なる利己心を脱し、すべてのものが大目的に向かって大同団結するほかには途《みち》はない。『俺はお前より修養しておる』とか、『俺はお前より年上だ』とか、『俺はお前より成績がよい』とか、そんなちっぽけなことを言っていては駄目である。真にすべてを打って一丸としてやらなければ、何事もできません」

こう熱弁をふるった蓮沼は、このとき、まもなく二四歳になろうとする青年だった。

そして翌年春、卒業して赤坂小学校の教師となった。ここで蓮沼は、のちにボーイスカウトとなる少年団をはじめたりしているが、学校を中心とする精神運動だった修養団が実業界との関わりをもつのは、一九〇九年春、蓮沼が渋沢栄一を訪ねてからである。

きっと修養団運動に賛同して協力してくれると思った蓮沼は、幾度か、王子の飛鳥山にあった渋沢邸を訪ねた。しかし、紹介状なしでは取り次げないと執事に追い返される。

それで蓮沼は、巻紙に一世一代の長い手紙を書いた。何とそれは一〇メートル余りにも及び、切手代はふつうの三倍もかかった。

それに対して、渋沢から「君の熱意には感じ入った」という直筆の手紙が届き、会えることになったのである。

七〇歳の渋沢を前に、蓮沼は、

「教育の良否は、直ちに国運の隆盛に関係があります。それは、教員の人材の如何に起因します」

と訴え、知識偏重を排して、道徳的品性の陶冶《とうや》の急務なることを説いた。

頷《うなず》きながらこれを聞いていた渋沢は、

「君の熱情ある話によって、修養団の趣旨がよくわかった。自分は実業家であるが、論語と算盤と二つを並行させてやるのでなくては、本当に国家の隆盛も、社会の平安も望めない。道徳と経済とは、車の両輪のようなもので、この二つが並行してゆくのでなければ、真の発展は図られないと信じている。そこで、君たちの主義が、愛と汗であるというお話だが、愛は道徳、汗は経済ということになる。自分も平素からそのことを急務の問題と思っていたので、君たちの出現はまことに心強い。自分でもできるだけ骨を折ってお援けしよう。しかし、何分突然のことで、まだ十分のみ込めない点もあるから、これからは、ちょいちょい遊びに来て、話を聞かせてほしい。君たちの運動には賛成である」

と言った。

渋沢のところへは、各方面のいろいろな人たちが援助を求めて出入りする。それに対して渋沢は、「三年ぐらいでは、まだまだだめで、五年も続ければ、まあまあというところ、七年以上やっているものならまず信用できるので、世話をしてあげる」と言っていたという。

修養団は、こうして同好会的な学生の運動から社会教育運動に発展するわけだが、渋沢のほかにも、森村市左衛門、手島精一、新渡戸稲造、岡田良平、井上友一、床次《とこなみ》竹二郎ら、政官財、そして教育界の有力者の後援を得た。

『蓮沼門三論』には、「さらに皇太子（昭和天皇）はじめ皇族の知遇を得るにいたるが、修養団運動の姿勢が、敬神崇祖のまごころに発しているからである」とある。

この結果、一九一五年創立十周年を祝うときには三〇〇〇人だった団員が、二一年には、支部数一七五、団員は六万六〇〇〇人余りを数えるまでになった。支部は、師範学校や各地の大学のほかに、工事事業場、市町村に拡大して地方連合会の設立をみるに至ったのである。

「流汗鍛錬、同胞相愛」の標語を掲げて修養団は、一五年に青年指導者天幕講習会を開き、この成功も飛躍の大きなバネとなった。これは現在に至る「青年の家」の源流である。

一九二〇年の天幕講習会には、当時の皇太子が出席し、講習生の裸体国民体操（今日のラジオ体操につながっている）を見たとか。三〇年の時点で、団員は六〇万人を数えている。

「修養団は、日本が戦時色を強めれば強めるほど、軍部からも産業界からも、植民地統治の当局者からも大きな期待をかけられ」（『蓮沼門三論』）ながら、しかし、敗戦となり、当然、GHQによって解散を命ぜられるものと思われた。

ところが、戦後の民主化により教化団体の大部分が解散させられたなかで、報徳会と修養団はそれを免れるのである。なぜ、この二つだけが免れたのかは興味ある問題だが、ここはそれを追求する場所ではない。

戦後の修養団を支えた企業

先にも書いたように、蓮沼門三は敗戦の詔勅をラジオで聞いて失神した。しかし、敗戦の年の十一月十五日、蓮沼は天皇に社会教育について進講しているし、修養団としても、十月から十二月にかけて、国民道義昂揚協議会、家庭教育振興協議会、貯蓄推進協議会、家庭生活科学化協議会、幹部勤労者啓発会、勤労者啓発会を開催している。

ただ、蓮沼は十二月二日、「敗戦の道義的責任を痛感して」主幹をやめた。五一年に再び主幹となるまで、ある種の「幽棲生活」を送るのである。しかし、修養団は企業と結びついて生き続ける。

それを裏づけるように、五二年には住友の総帥、小倉正恒が修養団の後援会長となっている。以後、後援会長は倉田主税《ちから》（日立）、中安閑一（宇部興産）、駒井健一郎（日立）、大槻文平（日経連）、草場敏郎（さくら銀行）と移って、最近の第八代は藤村正哉（三菱マテリアル名誉顧問）がなっているが、戦後の修養団を物心両面にわたって支えたのは企業だと言ってよい。

なぜ企業は修養団運動を取り入れようとするのか。修養団の「誓願」には、こうある。

人よ醒めよ醒めて愛に帰れ
愛なき人生は暗黒なり
共に祈りつつすべての人と親しめ
わが住む郷に
一人の争う者もなきまでに

人よ起てよ起ちて汗に帰れ
汗なき社会は堕落なり
共に禱りつつすべての人と働け
わが住む郷に
一人の怠る者もなきまでに

先に挙げた「三大主義」の「怒りを忘れよ」という教えと、この「誓願」の「一人の争う者もなきまでに」「一人の怠る者もなきまでに」という結語を重ね合わせてみれば、企業が何をねらっているかは明らかだろう。

「青年団運動の父」田沢義鋪《よしはる》は蓮沼の盟友であり、一九一七年のロシア革命に刺激されて激しくなった労働争議鎮圧のためつくられた労使協調会の〝育ての親〟でもあるが、そのためか、一時、修養団の本部は協調会の地下室にあった。財閥グループのなかでは、小倉正恒が熱心だったので、とりわけ住友と修養団の関係が深い。

小倉は『正恒談叢』のなかの「戦前住友に於ける労使関係」の章で、自分は「労使関係こそ事業経営上謂わば扇の要に当る」ことを深く認識していたとし、

「住友全事業の統括持株会社であった住友本社を始め、鉱工員を多数擁する傘下連系会社に、職制上独立の人事労働担当部門を設けて人材を集め、労務管理の衝に当たらしめた。或は一種の工場委員会制度を採り入れ、或は従業員をして蓮沼門三氏の主宰する修養団への入団を促進して事業場に修養団運動を興す等、種々の施策を講じておった。即ち修養団の愛国倫理運動が宗教を尊重しつつも、また政治浄化を念じつつも、一宗一党に偏せず、愛汗の実践によって、家庭、職域、延いては社会、国家の浄化、善化を目的とする点に着目して、広く幹部職員、一般職工鉱員を此の運動に参加せしめたが、これは労使の意志疎通を図りつつ、生活の本拠たる家庭職場の浄化、健全化に裨益するところ大であったと考える」

と述べている。

小倉の配下にあって、住友入社当時から、「未来の総理事」といわれた小畑忠良は、住友本社経理部長を経て企画院次長となり、産業報国会理事長、大政翼賛会事務総長となった。そして、戦後は平和運動を行い、革新統一候補として三度、大阪府知事選に立候補するなど数奇な運命をたどったが、小畑の女婿の元社会党代議士、稲積七郎が聞いたところでは、小畑は住友本社の商工課長だったころ、それまではボーナスを課長が訓示とともに渡していたのに、簡単に給仕に配らせ、

「ボーナスを会社の恩恵だと思ったら大間違いだぞ。それは君たちが働きすぎたからもらえるので、当然の報酬だ。だから、まあ、きらくに使えよ」

と言っていたという。

小畑も、人物として小倉を尊敬しても、小倉が中心となって醸し出す住友の「修養団的雰囲気」には大きな反発を感じていたのではないだろうか。

修養団の四代目後援会長だった宇部興産の元社長、中安閑一は、誇らしく、

「当社では昭和三十三年以来、社員教育の一環として大学卒業の新入社員を、毎年四月、伊勢の神都国民道場へ送り修業させている。初めは多少反発もあったようだが、重役、部課長をはじめ管理職も加わり、三泊四日間、寝食をともにして切磋琢磨するこの講習会が、

こんにちでは、他に例のないユニークな教育方式として、各方面から注目されるようになった」

と書いている。

「世間では、上司と部下の心のつながりの場を、とかく酒の席やその他に求めようとするが、これでは本当の魂の交流とはならない。私はやはり美しい環境と節度と内容のあるプログラムによって進められる修養団の講習を最上の場と思う。

この受講の中で、私は新入社員の肩をもみ、彼等は私の肩をもんでくれる。全く和やかなムードであり、人間同士の心から触れ合うところに大きな意義があると思う」

と言うのである。

強いられた「自主性」

丸山眞男は「超国家主義の論理と心理」において、国家という公が無制限に私のなかに入ってくる日本の精神風土を明快に分析したが、国家だけでなく企業についても無制限に私の領域を侵すものであるという認識が必要なのではないか。

その強力な媒体となっているのが修養団である。修養団の講習会には、別掲の企業の社員が参加している。いや、参加させられている。

修養団で出しているパンフレットによれば、講習会のプログラムは「修養団独自の童心行、水行をはじめ、駆け足、ブラインド・ウォーク、美化作業などの動的訓練と、静座、瞑想、呼吸法、講話、相互研修、反省行（ともし火の集い）などの静的訓練が巧みに組み合わされた〝生活即学習〟の教育理念のもとに」展開されるという。

『五十鈴』という名の「神都道場だより」には、「水行（みそぎ）」について、二〇代前半の若者たちの感想が載っている。

「水行のあとのみんなのあの笑顔、誰一人として不平を言う者がなかったように見えた。人間これが一番大切なことではないでしょうか。何事においても気合を入れて思い切って立ち向かう。それを完遂したあとの人と人との喜びの分かち合い、この喜びを大切にこれからの人生を送っていきたいと思います」

「水行の水に入るときの集中力をこれからどう生かしていくか。あの冷たい五十鈴川に入るには中途半端な気力では耐えることなど到底無理、一瞬のうちに気力を充実させなければいけない」

しかし、私がタンズマン記者に同行したカメラマンのグレッグ・デイビスに、

「三〇代だからみそぎはこたえたでしょうね」

と言ったら、タンズマンが、

「二〇代のボクにもこたえましたよ」
と答え、逆に私の方が、
「みそぎ研修というのは拒否できないのですか」
と問われてしまった。
自主的に参加しているようにも見えるが、それは戦時中の特攻要員の「自主性」に似たものであり、「強いられたもの」ではないか。
二〇代前半の若者たちにこう言わせる修養団の、一九八四年十一月時点の後援会役員は次のようになっていた。
会長　駒井健一郎（日立製作所相談役）
副会長　日向方齊（住友金属工業会長）
同　大槻文平（三菱鉱業セメント会長）
同　小山五郎（三井銀行相談役）
同　清水保夫（宇部興産社長）
相談役　松下幸之助（松下電器相談役）
同　土光敏夫（経団連名誉会長）
現在、修養団の理事長には前文部科学事務次官の御手洗康がなっている。

〈最近の主な参加企業（公表順）〉

日立ハイテクノロジーズ
日立システムズ
日立物流
日立アプライアンス
日立ビルシステム
日立製作所都市開発システム社
日立オートモティブシステムズ
日立ライフ
大陽日酸東関東
新日鐵住金和歌山製鉄所
住友ゴム工業白河工場
住友ゴム工業名古屋工場
住友ゴム工業加古川工場
太平洋工業
豊田自動織機
セブン&アイ・ホールディングス
ヨークベニマル
ヨークマート
ライフフーズ
シェルガーデン
そごう・西武
三井化学大阪工場
新宮運送
常磐運輸
協和
タカヤナギ
兵庫物流
三菱マテリアル不動産
京都北都信用金庫
高岡信用金庫
福井県信用金庫協会
赤塚建設
ウチダ
エバークリーン
小山田幼稚園
昭栄化学工業
新東工業
学校法人千葉黎明学園
東京ビル整美
長島梱包
林テレンプ
ヘイコーパック
北越紀州製紙
三島光産
吉川工業
秋田屋
東産業
アピ
インクコーポレーション
エスビー商会
黒沼共同会計事務所
中部電力
幸楽苑
郡山大新青果
シー・ティー・シー
ジェイプロジェクト
白石モータース
データープロセスサービス
東芝総合人材開発
東芝野球部
トンボ
名張製作所
ヒューマンフォーラム
ブイシージー
丸青過足青果
マルト
三ツワフロンテック
横瀬オーディオ
マルシェ
東日本旅客鉄道野球部
エスワイフード世界の山ちゃん
日東グラスファイバー工業
三泗ホンダ販売
宮園自動車
槌屋ティスコ
ドリーム
スリー・ティ
イオスコーポレーション
磐根
SPDセキュリA
古久根
高儀
商業藝術
郡中丸木

みそぎの日立

一九八二年六月二十二日、日立製作所と三菱電機の社員が逮捕されたＩＢＭ産業スパイ事件は、とりわけ後ろ手錠で連行される写真によって、日本のサラリーマンに強烈なショックを与えた。三好徹の『白昼の迷路』（文春文庫）はこの事件を素材にした小説である。

小説は、「資本金千四百億円、売上高約二兆円、従業員約八万名」の日成電産総務部次長、立見史郎が、風呂場で幹事総会屋の山岡の背中を流すところからはじまる。

こうしてゴルフ接待をしていた立見のもとに、日成の厚木工場のシステム・プログラミング主任、鬼頭がＦＢＩに逮捕されたという知らせが入るのである。

鬼頭の妻の雅子と立見は、かつて恋仲だった。知らせて来た総務部長の町田は立見に、すぐに厚木工場へ行って、押しかけるだろうマスコミの人間から、逮捕された社員の家族を隔離せよ、と命ずる。

「技術の日立」ならぬ「技術の日成」の歴代社長はみんな技術屋で、日成は技術主導の会社だが、厚木工場長の前畑も「コンピュータの神様」と呼ばれる技術屋だった。しかし、技術屋には他のことに目がいかない専門バカの面がある。

鬼頭にもそうした傾向があったが、鬼頭は夫人の雅子に、「スパイのようなことをするのは気が進まないけれど、上司（工場長の前畑）にいわれればことわれない」と言っていたという。

そして、鬼頭が逮捕されたあと、ともかくアメリカへ行こうとする雅子を、会社側は必死に止めようとする。立見もその引き止めに駆り出され、辛い立場の立見と雅子は、こんな会話を交わす。

「皆さん、どうしてわたしをアメリカへ行かせまいとするのかしら？」

「会社がすべて面倒をみるから、つまらん心配はするな、ということだろうね」

「会社が面倒をみるのは、あたりまえでしょう？　だって、会社のためにスパイをしたんですもの」

雅子から見れば当然のことが、会社から見れば当然ではなく、それは「恩恵」だった。日成の幹部は「わが社が他のメーカーの製品のスパイをする必要はまったくない。罠にはめられたにすぎない。スパイをしろなんて指示を出したことは絶対にない」と公言していた……。

たしかに、オトリ捜査は汚ないともいえるだろう。しかし、「技術の日立」を喧伝してきた会社ではないのか。

この事件は「技術の日立」が虚飾であることはもちろん、「技術立国」とかいう日本の現状がまことにお寒いものであることを示した。

私は日立が、とりわけ「みそぎ研修」に熱心なので、「みそぎの日立」と言っている。社員をみんなバカにするこんな研修をいまでもやっているようでは、とても創造性など生まれまい。

この事件について、富士通会長（当時）の小林大祐は『文藝春秋』の一九八二年九月号で、田原総一朗のインタビューに答え、興味深い話を披露している。

小林　ぼくはねえ、ウチの連中に今度の事件が起きる前からよくいっていたのですよ。IBMの三、四百人の弁護士たちが、やることがなくてブラブラしている、いってみれば失業状態だ。あいつら何かやるぞ、気をつけなくちゃいけないぞ、とね。

――失業状態？　どういうことですか？

小林　御存知かどうか。IBMはアメリカの政府から独禁法問題で訴えられて、長い間裁判でチャンチャンバラバラをやっていたのですよ。そこで、三、四百人の弁護士が総動員されていた。ところが、レーガン政権になって、今年の一月に急遽、レーガン政権が提訴を取り下げてしまった。まあ、レーガン政権の強いアメリカ政策の一環なのでしょうが。それで、弁護士たちは当面、やる仕事がなくなってしまった。

——だから何か仕事をつくらなければならない。そこで、今度の事件を仕掛けた？

小林　いや、まあね。これはあくまでも冗談話でしてね。しかし、気をつけるべきだと。気をつけるに越したことはありませんからね。

いずれにせよ、これは技術の問題というよりは人間の問題の事件だった。

日立の前近代的体質

ところで、日立には自衛消防隊というのがある。「みそぎ研修」をやる修養団が全社的に組み込まれているのと同じように、消防隊も会社お声がかりの組織である。これは三つの任務をもっており、一つには思想的な「赤」を消す。二つ目に仕事における赤字を消す。そして三つ目は、火事になった場合の火を消すとなっている。

そんなバカなと思う人は、日立には勤めていられない。これは昔話ではなく、いま現在の話なのである。

一九六七年秋に、残業を拒否して解雇され、以来、撤回闘争を続けていた田中秀幸は、同じ日立武蔵工場で起こったこんな例を示す。

同工場で臨時工が不当に解雇され、それを撤回しろと、支援者がビラを撒いていたら、自衛消防隊が総動員で消防車を使い、彼らに水をぶっかけてきたという。さらには保安係が棍棒で殴るといったこともやった。

日立が一番熱心に進めている修養団の「みそぎ研修」は、伊勢神宮を流れる五十鈴川にフンドシ一つで肩までつからせるものだが、それについて修養団の講師が、

「バカになって物事に挑むきっかけをつかませる」

と言っていたことは前に述べた。

つまり、バカをつくるためにやらせるのである。

拙著『佐高信の異論武装』（徳間書店）には、日立をモデルにして『白昼の迷路』を書いた三好徹との対談も入っているが、ＩＢＭ産業スパイ事件を起こした日立を素材にした動機を、三好はこう語った。

「日立という会社は、もともと好きじゃなかった。中学校のときから非常に親しくしている僕の友達の息子に、東大の野球部から日立に入った人がいるんですよ。東大野球部の先輩にスカウトされて入ったんですが、入った年の九月に自殺してしまった」

なぜか？　その息子は日立の独身寮に住んでいて、会社に行っている間に、日記まで調べられた。彼はおかしいことはおかしいとハッキリ言うタイプで、調べたと思われる先輩に抗議した。すると、先輩は、

「そんなことはしていない。勘違いだ」

と言って逃げる。

そのうちに、組合の集会に出ようとしたら、君のようなエリートがそんなのに出るなんて「赤」になったんじゃないのかと、陰に陽にイジメがはじまった。まさに消防隊の〝消火〟の対象になったのだろう。

それでノイローゼになり、実家に帰って静養した方がいいとか言われて帰って来た夜に、近くのビルから飛び降り自殺をしてしまったのである。息子を失った、いや、息子を日立に殺された友人に日立を訴えたいのだが、と相談された三好は、

「(日記等を)いろいろ検閲されたとしても、それが自殺の原因だと証明しにくいから、気持ちはわかるがやめたほうがいい」

と答えた。しかし、以来、日立の製品は買わないのである。私はパナソニックの製品をボイコットしているが、三好は日立のそれをボイコットしている。

日立の謳《うた》い文句は「技術の日立」である。テレビのコマーシャルなどでもそう喧伝しているが、私は「みそぎの日立」であり、「自殺の日立」だと思う。あるいは「残業を拒否すればクビになる日立」である。

嘱託とはいえ、バレーボールの選手の大林素子を強引に「解職」にした経緯は、彼女自

身が『バレーに恋して』(講談社)に書いている。一片の通告によって彼女は即座に日立を追われた。抗議したが、「なぜかその日だけいた警備員」が彼女を外へ出したのである。

日立は「前近代企業の三本指に入る」ということで、三好と私は一致した。

「会社に民主主義はない」

戦前の草の根ファシズムを支えた団体であるにもかかわらず、修養団は戦後も解散命令を受けずに無傷で残った。

「みそぎ研修」のねらいは何かというと、先に「忿怒を鎮圧する」という項目に注目したように、それはみそぎ研修を通してその人の怒りを抑えることにある。

怒ることは未熟な人間であるという証拠だという。名横綱の双葉山は連勝記録が止まったとき、「我いまだ、木鶏《もっけい》足りえず」という言葉を残した。ニワトリも未熟なうちは猛烈に戦いたがるけれども、悟れば木に彫ったニワトリのように何事にも動じない木鶏になる。

こういう喩えで教えを浸透させていく。

しかし、これは詭弁だ。戦う前から若者たちの批判精神という牙を抜き、人間を社畜化しようとするものだからである。

また、修養団の講師はこうも言う。

「学校でも上の命令に従うという縦の倫理が失われてしまったから、自分たちは企業社会をてこにして縦の倫理を守ることができるのだ」

先に私は、「日本の会社は藩だ」と言った。戦後、日本は民主化したけれども、企業は民主化を免れた。

日本は経済大国などとおだてられて、経済のウェイトが高くなるとともに、民主化されなかった企業の社会における位置づけが高まり、封建的な企業の思想が民主化された家庭、学校、地域をガンのようにむしばんでいった。いわば家庭、学校、地域の会社化がはじまっていく。会社ファシズムの肥大化といってもいい。これが会社という視点から見た日本の戦後なのである。

それを象徴するのが、「会社の門前で民主主義は立ちすくむ」という言葉である。私が経済誌の編集者をしていたころ、ある会社の社長が「会社に民主主義はない」と断言したことを思い出す。「民主的な活動がしたければ、アフターファイブにやってくれ」とはっきり言った。いまの経営者もみんなそうだと思っているだろう。戦後も無傷で残った修養団と、戦前の体質を残した会社は親和性が高い。

つまり、修養団の教えは企業の経営者にとって大変都合のいいものなのである。

かつて、海軍少年兵として、そうしたアナクロニズム教育を受けた城山三郎は『猛烈社員を排す』（文春文庫）というエッセイ集で、怒りを込めて次のように書いている。

「政党幹事長が陣笠代議士を竹刀で鍛えたり、大学教授が助手を禅寺へたたきこんだりすれば、たちまち物笑いのタネにされるであろう。それなのに、それと同じことが企業の世界で行われて怪しまれないのは、どういうことであろうか」

「新入社員を迎えるたびに、しゃんとしなければならないのは、古参社員の方である。新入者の初心を前に粛然と姿勢を正すべきである。新入社員教育は、新入社員の入社ごとに、古参社員が受けるべきである。

新入社員に粗食を食わせ、終日板の間にすわらせておいて、社長が高級車で来て一席ぶって、ついでに近くのゴルフ場へ回るなどということをやっていたのでは完全な逆効果である」

城山は、「猛烈」教育が、ある時期、効果をあげることは否定しないが、それは競走馬に興奮剤を注射するようなものであり、「猛烈」教育は経営者のシンナー遊びだ、と断罪する。

そのなかで、ＩＢＭ産業スパイ事件が起きる。

だいたい、このネーミングはおかしい。これではＩＢＭが盗んだみたいに聞こえるが、ＩＢＭの産業機密を盗んだのは日立の方だからである。

私がこの事件を代表的な例として挙げたのは、忖度社会とも企業教のマインドコントロールとも絡むからだ。

『白昼の迷路』の主人公鬼頭は夫人の雅子に、「スパイをするように上司に命令された」と言ったけれども、それは鬼頭が忖度したからであって、誰がそれを命じたのか、はっきりしない。

それから、鬼頭が「気がすすまないが、スパイをした」というのは、善悪の基準が会社にあることを示している。いつの間にか、個人の価値判断よりも、会社のためになることが善であり、会社のためにならないことが悪であるという判断にすり替わっていく。いわば自らの判断基準をも会社が独占する。それが企業教のマインドコントロールの完成形なのである。

そういう場合でも、会社はその社員が反抗しないように、その社員の生活を保障する。つまり、社畜にとっては「生活保障」だが、会社にとっては食い扶持だけを与える「捨て扶持」ということになる。

「日本人は社員として〝社閉症〟、国全体として〝国閉症〟に陥っているのではないか」と鋭く指摘したのは、哲学者の久野収であった。

たとえ、「いいこと」であっても、企業が個人の〝修養〟に口を出すべきではない。それに企業や修養団が気がつかない限り、第二、第三の「日立産業スパイ事件」が繰り返されるだろう。修養団運動は、それを推し進める者の意図が主観的にはそこにないとしても、結果的に戦前は国家への、そして戦後には企業への「滅私奉公」の精神を育てている。

若い人たちには、企業教のきついような会社を選ばないようにせよ、と忠告したい。

第三章　ミドル残酷社会

会社は社員のエキスを吸い取る

「(同一労働同一賃金を実現するなら) 正社員をなくせばいい」とパソナ会長の竹中平蔵が発言したのは二〇一五年正月のテレビ番組だった。新自由主義の考え方を如実に表しているが、その年の秋に発表された調査ではパートや派遣など非正規社員は四〇・五%にまで広がった(厚生労働省「平成26年就業形態の多様化に関する総合実態調査」)。労働者の四割が非正規社員なのである。

私は高校教師というといわゆる「聖職」から、経済業界誌の編集者という「濁職」に入ったので、浮遊のつらさも一応は知っているつもりである。浮遊する者に対しては世間の冷たい目が加わるということも身に沁みている。

いまは正社員として会社に入りたくてもなかなか入れない状況だが、では、会社にうまく潜り込んだ人たちはどんな生を生きているのだろうか。エサを与えられているだけではないのか。だから、「家畜」ならぬ「社畜」といわれてしまう。そうすると、勤めれば幸せという考えにも落とし穴があって、それは家畜の生かもしれない。

社畜の果てを見るとき、吉武輝子著『夫と妻の定年人生学』(海竜社)ほど、私に衝撃を与えた本もない。

吉武の父は三菱銀行の名古屋支店長だった。定年退職後、伊奈製陶（現ＩＮＡＸ）の重役に〝天下り〟したが、その父親はまもなく、うつ病になり、一年後の夏、自殺してしまう。

大銀行の支店長だったころは盆暮れのつけ届けも多く、年賀状も山と来ていた。つけ届けだけで一部屋全部が埋まったという。ところが、伊奈製陶に移ったら、それがガタ減りし、吉武によれば、年賀状をもっていくと父が「これだけか」と聞いたらしい。「父は五五歳にして、はじめて、非力な個人である己の能力、才能がいかにちっぽけなものであるかを思い知ったのだろう。在行中、二つの〝の〟の字（三菱銀行のという〝の〟の字と、支店長のという〝の〟の字）をカサにきて生きた分だけ、〝の〟の字をとっぱらった後の自分がちっぽけにも空っぽにも思えてならなかったのではないか」という。

「過去のみをふりかえり、いったい自分は、三十余年にわたる職業生活になにほどのことをなしてきたのだろうかと自問自答をくり返し、その結果、より一層、己をちっぽけな存在とみなすようになっていった」父親は、やがて、カーテンを引いたままの自分の部屋の片隅に、膝を抱え、背を丸めてジッとすわりこんだまま、一歩も部屋の外に出ようとはしなくなってしまった。

さらに進んだ父親の病状について、吉武の母親はこう語っている。

「父さん、日毎にうつ病が重くなっていくにつれて、まるで子猫みたいにわたしのあとをついてまわるようになってね。トイレに入ればトイレについてくる。お風呂に入れば、着物のまま、浴室の中に入りこんでくる。終わりの方では、一緒に死んでくれって力まかせにわたしの首をしめあげてくる。一度なんかは、眠りこんでいる間に、ひもを首にまきつけられて、もう全力であらがって助かったけれど、あの頃は、先にこっちの方が死んでしまうのではないかって思えるような大変な毎日だった」

精神科の医者からは、「定年退職後に仕事一筋であったサラリーマンがかかりやすい典型的なうつ病ですね。この種のうつ病は、自分を矮小化しつづけた結果、自己否定を試みる危険性がありますから、ご家族はよくよく、注意してください」と言われたが、一日中、大の男を監視しているわけにもいかず、ちょっと目を離した隙に、頸動脈を出刃包丁で寸断して死んでしまったのだった。

このように自己抹殺をしない場合、家族、とりわけ妻にあたることになる。

高級官僚をしていて、その後、いくつかの会社に天下りをし、六五歳のときに退職したある人は、一日中在宅するようになってからは、極度に妻が外出することを嫌い、句会に出席させてほしいと言った妻に、「食わしてもらってきた身でなにが俳句だ」とわめいて暴力を振るったという。

このため、一〇針も縫うケガをした夫人は、「肩書をとってしまったら、こんなに野蛮で下司なおとこだったのか」と思い、離婚を決意するのだが、残念ながら、多くの日本人はまだまだ、こうした〝悲劇〟と無縁ではない。

つまり、会社というのはそれほどその社員のエキスを吸い取るのである。それにまた、エキスを吸い取られるほど働かなければ出世しない。

「逆命利君」の精神を

また、会社はものすごく嫉妬深い。「会社は奥さんで、妻は愛人」と言った人がいたが、会社が愛人でも出世しない。会社にもよるけれども、やはり逃げ場のある人、収入の問題ではなくて、「あいつは会社以外の逃げ場をもっている」というのは許されない。同僚など周囲から寄ってたかって潰されるというか、嫉妬の嵐になる。三井物産審査部在籍時に『商社審査部25時』（徳間文庫）を出し、それがベストセラーとなった作家の高任和夫がそう語ったことがある。自分も本当は逃げ場がほしいけれども、そう簡単に小説を書いたりすることはできない。だから、そうした会社以外の仕事をもつ人に対して、周囲は「あいつは愛社心がない」「忠誠一途ではない」「もっと仕事に集中しろ」などと牽制する。

忠誠心とか愛社心しかない人が会社を生きていくと、そこにある種の運命共同体幻想が生まれ、究極的にはその構成員は軍人になる。

漢の劉向が編纂した『説苑』のなかに、「命に従いて君を利する、之を順と為し、命に従いて君を病ましむる、之を諛と為し、命に逆らいて君を利する、之を忠と謂《い》い、命に逆らいて君を病ましむる、之を乱と謂う」という一節がある。

「ご無理ごもっとも」と言って君主を誤らせるのが阿諛追従の徒であり、君主のために彼の機嫌を損じても直言するのが忠義の徒だということだと思うが、日本の企業にとって、いま最も必要なのは、この「逆命利君」の精神だろう。

日本の企業社会の体質に反発し、「自分は会社に時間を売っているのではない、仕事を売っているのだ」というのが口癖で、住友商事の常務にまでのぼりつめ、五六歳の若さで亡くなった鈴木朗夫の生涯を、私は『逆命利君』（講談社文庫、岩波現代文庫）と題して書いた。

その鈴木があるとき、当時、欧州共同体の役員だったフランスの友人とレストランで夕食をともにした。

落日の遅い夏の日の夕食を始めたのは午後十時をまわっていた。たまたま、レストランの真向かいに日本の某社のオフィスがあり、あたりのビルのオフィスはみんな退社して真っ暗なのに、そのオフィスだけは煌々と明かりをつけ、かなりの数の日本人社員が忙しく働いているのが見えた。

それを指差しながら、その友人は鈴木にこう問いかけた。

「われわれヨーロッパ人には一定の生活のパターンがあり、それは〝市民〟として果たすべき義務に従って構成されている。すなわち、市民たるものは、三つの義務を応分に果たさねばならない。

一つは、職業人としての義務であり、それぞれの職業において契約上の責任を果たすことである。二つは、家庭人としての義務であり、職業人としての義務を遂行したあとは、家庭に帰って妻子とともに円満にして心豊かな家庭生活を営み、子女を訓育すること。三つには、それぞれ個人として地域社会と国家に奉仕する義務である。

これら三つの義務をバランスよく果たさないと、われわれは〝市民〟としての資格を失う。ところが、真向かいのオフィスで働いているあの人たちは、どう見ても一つの義務しか果たしていないように見える。あの人たちは妻子のいる家庭をかえりみず、コミュニティに対する義務を放棄し、仕事だけに生活を捧げているのではないか。

ヨーロッパにも、市民としての義務を一部免除された人たちがいる。軍人と警察官と囚人である。しかし、あの人たちは囚人ではありえない。警察官でもないはずだ。とすれば最も近いのは軍人であり、彼らが属する組織は軍隊に似たものであるに違いない。

われわれは、先に言った三つの義務を応分に果たしながら通常の生活を営む市民である。彼らは、仕事のみに全生活を捧げる一種の軍人である。われわれが家庭人としての義務を果たしている間も、彼らはひたすら働いている。彼らはヨーロッパに来てヨーロッパのルールを無視しているが、これはアンフェアだと思う。

軍隊と市民が闘ったら、軍隊が勝つことは明らかである。このような競争はアンフェアであり、アンフェアな競争の結果としての勝敗もアンフェアだと思うがどうか」

同感するところの多い鈴木はこれに反論できなかった。

アウシュヴィッツ収容所長の告白

ある証券会社に勤める若者は、

「株屋になってしばらくすると、大きな事件や出来事が株価にとって好材料か、悪材料かというふうにだけ受け止めるようになるんですね。まったく部分人間ですよ」

と私に語り、

「会社に入って五年もすると、周囲は会社の仲間と取引先の人たちだけになってしまっているものですね」

と述懐してくれた。

〈部分人間〉が「会社のため」あるいは「国家のため」に近視眼的に働くとき、往々にしてそこに大きな犯罪が生まれる。

その典型的な例としてはナチスのアウシュヴィッツ収容所長、ルドルフ・ヘスの場合が挙げられるだろう。

ヘスは決して異常性格者ではなかった。彼の「告白遺録」である『アウシュヴィッツ収容所』（サイマル出版会）から引用するが、「はっきりした義務感」の持ち主であり、「不当な仕打ち」には我慢できない正義感ももっていた。〈職務〉には忠実で、家庭では良き父、良き夫であり、酒もさしてはたしなまず、遊びをすることもなく、しかるべき教養をもった一人の平凡な人間だったのである。

その平凡な人間が、命令、職務とあれば、あのように残酷なガスによる大量虐殺をやるというところに、いわば人間の恐ろしさがある。

「当時、私はアイケかヒムラー（上司）のもとにおもむいて、明らかにすべきだったのだ。自分は強制収容所勤務には適していない。なぜなら、自分は抑留者にあまりに多くの同情を感じるから、と」

「私は、強制収容所のいかんともしがたい事どもすべてに慣れるようになったとはいえ、それでも、その人間的苦悩に対して、心が鈍磨するということは決してなかった。たえず私は、それを見、そして感じた。しかも、私は、それを黙ってやりすごさなければならなかった。弱気は許されなかったからだ。私は、弱気とみられぬために、苛酷という評判をえようと思ったのだ」

「私はいささかの感情を示すことも許されていない。私は全部をこの目でみなければならなかったのだ。私は昼となく夜となく、屍体の造成と焼却を見なければならず、抜歯、毛髪切断と、残虐無比の悪業のすべてを何時間にもわたって監督しなければならなかった」

その後、骨はセメントに、毛髪は毛布にされたのだが、ここに引用したヘスの「告白」は、少なくともヘスが異常な人間ではなかったことをはっきり示しているといえるだろう。ヘスの人生の導きの星は、祖国と家庭だったのである。ヘスは、

「たしかに、この命令には、何か異常なもの、途方もないものがあった。しかし、命令ということが、この虐殺措置を、私に正しいものと思わせた。当時、私は、それに何ら熟慮の目を向けようとはしなかった――私は命令をうけた――だから、それを実行しなければならなかったのだ。(中略)

総統の名における命令は聖なるものだった。それにたいしては、いかなる考慮、いかなる説明、いかなる解釈の余地もなかった。その命令は徹頭徹尾完遂されねばならなかった。たとえ、そのために命をなげうたねばならぬことがあろうとも」

と書いている。

「人間的感情」によって命令を拒むことは、ヘスには総統ヒトラーへの裏切りのように思われたのであり、ヘスは鉄の不屈さで、あらゆる人間的感情を沈黙させて〈職務〉に励んだ。「枢要なることはただ一つ、命令」だったからである。

「兵隊はモラルを判断しない」

ヘスやナチスの例は、戦争という異常状況だから起こったことだろうか。

そうではなくて、常時においても人間は、そういう意識をもっていることを、次のエール大学の心理学者が行った実験がはっきりと示している。

それは、アメリカ社会のあらゆる階層、職業、年齢の男性を無作為抽出法によって選んで行った「体罰と学習」という名目の実験で、被実験者は「教師」とされ、彼らのいる実験室の隣室には「生徒」がいて、さまざまなクイズめいた問題を与えられる。「生徒」が間違った解答を出すと、教師は彼に「体罰」を加える。そうした「体罰」が「学習」にいかに寄与するか、あるいは、しないか——実験の目的はそこにある、と被実験者は教え込まれている。

さて、「体罰」はどのようにして加えられるのか。被実験者の前には一〇ボルトからはじまって、三〇〇ボルト、四〇〇ボルトの電気スイッチが並べられていて、それを入れると、「生徒」には電気ショックが加わる。

被実験者は前もってショックの種類の詳細について教えられている。一〇ボルトの電気ショックなら、ほとんど問題にならないだろう。一〇〇ボルトとなると、たしかにショックだが、それでもまだ大したことはない。しかし、それが三〇〇ボルト、あるいは四〇〇ボルトとなれば、下手をすると死を招くかもしれない。ことに、「生徒」の心臓が弱かったりすれば……。

「生徒」は終始、隣室にいて、彼の姿は被実験者には見えない。いや、本当のことを言うと、隣室には「生徒」などいない。「生徒」の解答は、本当の実験者（つまり、エール大学の心理学者）の手によって、適宜、「教師」、つまり、被実験者に与えられ、被実験者はそれによって「生徒」に「体罰」、つまり、四〇〇ボルトまでの電気ショックを加える。

電気ショックのスイッチを入れると、「教師」の耳に「生徒」の反応が入ってくる。実はそれはテープにとられた声であって、あるときには悲鳴であり、あるときには「後生だから止めてくれ、おれは心臓が弱いんだ」という懇願であり、必死に壁を叩く音であり、ついには、死の静寂、沈黙があとに続く。こうした声、物音は実際の「生徒」の反応だと「教師」に信じ込ませるほど巧妙につくられているのだが、さて、「教師」、つまり、被実験験者のうちの何人が四〇〇ボルトのスイッチにまで手を伸ばすか——そのことが、実を言うと、エール大学の心理学者の奇妙な実験の本当の目的なのであった。つまり、いったい、ふつうの人間がどこまで残忍になりうるのか、ということである。

この場合、「生徒」の反応とともに、「教師」には逆にさまざまな激励が与えられる。「それくらいのショックなら大丈夫だ」とか、「あいつは嘘を言っているのだ。かまわず、やれ」とか、「これは科学の進歩のために、ぜひ必要なことだ」とか、あるいは、「何が起こっても、エール大学のわれわれが責任をとる」とか……。

エール大学の心理学者は、実験に先立って、アメリカの高名な心理学者たちの意見を求めた。それによると、四〇〇ボルトにまで手を伸ばす者は精神異常者だけであって、たかだか一〇%ぐらいにしかならないだろうということだった。

しかし、実験の結果は、六〇%以上が四〇〇ボルトにまで手を伸ばした。

このような人間の〈恐ろしさ〉はどうしたら制御できるのか。

もちろん、一つには、制度的な枠組みによるコントロールが考えられる。

しかし、個々の人間としては、その「命令」の中身と、「企業のために」「国家のために」というときの「企業」および「国家」の中身を厳しく問い直す作業をしなければならないだろう。

アーサー・ヘイリーのベストセラー小説『マネーチェンジャーズ』（新潮文庫）には、

「あなたはいったい何者なの？」

「軍隊においては規律が必要だと考える平均的なアメリカ人さ」

「ヴェトナムのような背徳的な戦争でも？」

「兵隊はモラルを判断しない。彼は命令で動くものだ」

という会話があるが、「兵隊」にならないような状況をつくるとともに、「兵隊」でない人間は、やはり「モラルを判断する」ことが必要なのである。

過労死と自殺の間で

会社人間は、市民ではなく軍人であるがゆえに過労死があり、自殺がある。

それに加えて苦境にあえぐ企業には、必ずといってよいほど名誉会長とか、代表取締役名誉会長なるものが存在する。

〝住友の西郷隆盛〟といわれた伊庭貞剛《いばていごう》は、「事業の進歩発達に最も害を為すものは、青年の過失ではなくて、老人の跋扈《ばっこ》である」と喝破したが、名誉会長などの存在が企業の「進歩発達」を妨げることは否定しようがない事実だろう。

最近もこんな社長がいた。富士通の社長から取締役相談役になった秋草直之という人である。私は彼を「取締役相談役なるものは、パジャマの上に背広を着るような珍妙極まりない存在だ」と批判した。

秋草は社長時代に業績不振の責任を問われて、

「従業員が働かないからだ」

と開き直った人である。

たぶん、この人は俺がいなければ富士通はダメになると思っていたのだろう。しかし、そうではなくて、秋草が居座っているから富士通は迷走を繰り返したのである。

この批判のなかでは、

「社外取締役だった野中郁次郎一橋大学名誉教授や北川正恭早大大学院教授（元三重県知事）から、出処進退について注文をつけられなかったのか。彼ら（社外取締役）はお飾りだったのか。だいたい、退き時を知らない人間がトップになるべきではない」

とも付け加えた。

老害経営者によってもたらされるツケは社員の人員削減という形で支払わされるからである。

日本銀行出身で、アフリカの発展途上国ルワンダに行き、中央銀行総裁となって経済を再建させた服部正也はその著『ルワンダ中央銀行総裁日記』（中公新書）に、自らの戦争体験を振り返りながら、こう書いている。

「私は戦に勝つのは兵の強さであり、戦に負けるのは将の弱さであると固く信じている」と。日本のトップは誰もこんなことを考えていない。愚かにも逆だと思っている。兵が弱いから戦に負けるのだと考えるトップのもとでは、過労死などさまざまに異常なことが起こる。

二〇〇八年のことになるが、すかいらーくの社長が投資会社によって解任されたことが話題となった。後継社長は「生え抜き」の谷真で、創業者一族の横川竟《きわむ》はクビとなったのである。

不採算店舗の閉鎖や人員削減が課題とマスコミは報じていたが、同社が過労死の多い会社であることに触れた記事は見当たらなかった。

いまから二十五年前、創業者の横川端《ただし》は、『外食王の飢え』（講談社文庫）を書いた城山三郎と対談して、外食産業は人材が勝負となる、と強調している。

「私どもの店でも非常に忙しい時間がありまして、お客さまがいっぱいになって、まだ待っているという状態になると、みんな一所懸命コマネズミのように働くわけです。それをお客さまがごらんになって、あんなに汗びっしょりになって働くなんて考えられない、おたくは何かノルマを従業員に課しているのか、とおっしゃるんです。いや、何もありませんというと、信じられないような顔をなさるんですね」

しかし、コマネズミのように働く活動的な感じの人がこの仕事には向いている、という〝横川哲学〟が過労死の連続につながったのではないか。

〇八年七月十八日付の『産経新聞』によれば、すかいらーくで店長として働いていた前沢隆之が前年十月に脳出血で死亡したのは過度の長時間労働が原因だったとして労災認定された。三二歳の息子を失った母親の笑美子は、一年ごとに契約を更新する店長だった息子が、亡くなる直前の三カ月では月平均二〇〇時間以上の残業をしていたことについて、「名前は店長だが、上司が健康管理などを心配してくれなかったことが悔しい。ほかに悩んでいる人もいると思う。今後も声を出していきたい」

と訴えた。

労災認定は簡単に下りない。笑美子が戦った末に得たものである。いまでも彼女はこの話をすると泣く。

その記者会見に同席したのは、やはり、すかいらーくに勤めていた夫の中島富雄が過労死した妻の晴香である。

彼女は「夫のとき、会社に再発防止策の徹底を約束してもらったが、また繰り返された。二度と起こしてもらわないように訴えていく」と強調した。

「過労死をなくそう！龍基金」の代表でもある彼女は、怒りと悲しみを新たにしたことだろう。この基金は過労死をなくすために貢献した人に賞を贈るものである。

中島晴香はいま、すかいらーく労働組合の責任も追及している。会社とグルになっているとしか思えないからである。

夫が亡くなって間もない〇四年夏に、同労組委員長の吉田弘志はインターネットなどで次のような意見を公表した。

「店長は誰の助けもなく、忙しさも半端ではありません。しかし、本当にできる店長、つまり強い店長はその中でも休みを取れるのです。ここまで行くにはそれだけの人間的魅力がなくてはなりません」

過労死した中島富雄には人間的魅力がなかったというのか。

「たとえばいま、一〇店舗につき、一名の社員をつけています。これを一〇店舗に二人、強い店長一人が五店舗を見る体制ができれば、それは労組にとっても人材育成の究極の目標」だという。

「すかいらーくでは初代労働組合委員長が現社長に就任しているほか、三代目労組委員長は現ジョナサンの社長。最近でも私の前委員長が夢庵カンパニーの代表を、本社取締役と兼任で勤めています」

労組の委員長が、組合は労働者のためにあるのではなく、経営者養成所なのだと明言しているのだから、過労死がなくならないわけである。

経営者、上司、労組が共犯者

「彼のパジャマを抱きしめ、泣き暮らしていました」

二〇〇七年二月十日、都内で開かれた「過労死をなくそう！龍基金」発足記念レセプションで、代表の中島晴香はこう言った。すかいらーくグループのファミリーレストランの店長だった夫の中島富雄が二〇〇四年の八月十五日に急逝したあとのことを振り返ってである。富雄は当時、四八歳。複数の店を担当させられ、多い月の残業は一八〇時間を超えた。しかし、店長は管理職だとして残業代は支払われない。また、地区長の坂下という上司がとてつもない上司だった。

「言うことを聞けないのならやめろ」

「こじきになれ」

こんな言葉を浴びせられたと富雄はメモに残しているが、謝罪を求めた晴香たちを前に、坂下は、

「言った覚えはありません」

とシラを切りつつも、

「ふつうの当たり前の一言一言が相手にとってみればすごい重たい言葉なんだと……」

と実質認めざるをえなかった。

涙を怒りに変えて立ち上がった晴香はこのとき、こう追及している。

「私は今日は殺人犯の顔を見に来たつもりです。新百合ヶ丘（店）の掃除をしろと。なんでそんなひどいことをしたのか。お前目をつけてる？　どういうことか。ヤクザですよね。企業の会話でない。言ってるはずです。目をつけるとはどういうことか」

もちろん、坂下だけが〝殺人犯〟なのではない。長男が「父は会社のシステムに殺された」と言っているように、こうした過労を強制するシステムを放置していた経営者と、そしてそれにほとんど抗議しなかった労働組合も〝共犯者〟なのである。

まったく頼りにならない会社の労組を当てにはせず、晴香は全国一般東京東部労組に加盟して、弁護士の玉木一成らと、過労死と認めさせる闘いを展開してきた。そして、二〇〇五年春、それを勝ち取ったのである。

その後の交渉で、二〇〇六年夏、会社との間で合意書が交わされ、それに基づいて支払われた損害賠償金のなかから三〇〇〇万円を拠出して「過労死をなくそう！龍基金」がスタートした。

「このままじゃ、会社に殺される」

亡くなる前日の夜にこうつぶやいた富雄は、また、常々、

「ぼくは龍になるんだ」

と言っていた。それにちなんでの「龍基金」である。その目的は規約によれば、「過労死の絶滅をはじめ、労働者、労働組合の地位向上をめざす闘いに貢献する活動を顕彰し、それらのたたかいを助成すること」。私もこの略称「中島富雄賞」の選考委員となったが、当日講演した過労死弁護団全国連絡会議事務局長でもある玉木一成は、この闘いと解雇を自由にできるようにする「ホワイトカラー・エグゼンプション」の関わりにも触れた。

とりわけ、これを推進する人材派遣会社「ザ・アール」社長、奥谷禮子の発言は犯罪的である。

奥谷は、三六五日、二四時間いつでも働けるようにしないとグローバル化に対応できないとし、これからの労働者には健康を会社任せでなく自己管理する能力が求められる、と放言した。労働者の実態など、彼女の眼にはまったく映っていないのだろう。こうした人間を社長の座から追放するためにも闘いは進められなければならない。

富雄と晴香はどこへ行くにも手をつなぐような仲のいい夫婦だったが、「会社を正すのが僕の使命」と語っていた富雄の遺志を継いで、これから、晴香とそれを支援する者たち

の過労死根絶への闘いがはじまる。

こうした会社のトップにすれば、ふつうの人がふつうに死ぬという認識ではなく、企業戦争のなかでの戦死なのだろう。戦死する覚悟で働き、戦死しない人だけが出世していくのである。

三菱重工の「加用事件」

何年か前、長崎大学に集中講義に行ったとき、三菱重工の造船所のある長崎は、いわば〝三菱の街〟で、「三菱の方、県庁の人、市役所のヤツ」という言葉があると聞いた。つまり、それほど頭が高く、殿様扱いをされているわけである。長崎造船所長を務めた人が三菱重工の社長になるといわれている。

土佐出身の岩崎弥太郎が創始者の三菱財閥は日本郵船からスタートした。そして、造船を中心とした三菱重工が三菱財閥発展の基礎を築いていく。三菱グループには、三菱の名前がついている冠称会社と、ついていない非冠称会社があり、みだりに三菱の名をつける会社を監視するために「三菱商標事務打ち合わせ会」というものがある。これが、厳重なチェックをするのである。

東京海上がなぜ、三菱の名を名乗れなかったか。これは、三井の場合も同じなのだが、損害保険会社がスタートしたころ、そうした商売がうまくいくかどうか、不安がもたれていた。もし潰れて、三菱の名を汚したら大変なことになるからである。

企業グループには大きく分けて三井、三菱、住友、芙蓉があるが、グループの特色、差別化が最もはっきりと表れるのは、ビールだといわれる。三菱グループの宴会にはキリン、住友グループのそれはアサヒ、そして、三和銀行系の会合にはサントリーが「指定銘柄」となるのである。料亭やバーの女将がこれを知らないで、たとえば住友グループのそれにキリンビールなどを出すと、お得意先を失うことにもなりかねない。そういう話を学生にした。すると、さすがに学生は見ているなと思ったのは、ある学生が、長崎にある三菱グループの明治生命（現明治安田生命）の支店には、なぜか三菱自動車しか並んでいないことが不思議でならなかったが、私の話で納得がいったという。三菱グループの人は三菱自動車を買わなければならないということを、学生は知らなかったわけである。

その三菱重工の長崎研究所で起こったのが加用事件である。

一九九四年一月八日、三菱重工長崎研究所室長の加用芳男という人が過労のために心筋梗塞で倒れ、重度の脳障害になった。夫人の豊子が労災申請をしたが、三菱重工側は非協力的な冷たい態度をとり、労災補償が支給されなかったため、夫人は長崎地裁に労災補償不支給訴訟を起こした。

私はこの裁判の応援に行ったのだが、研究室の次長は、労災申請の手続きを求めた夫人に対して、ご主人は長時間残業はしていないと言う。しかし、朝は六時半に家を出て、帰りは毎日夜九時すぎ、土曜、日曜もほとんど休めず、出張も多かった加用の勤務の様子をこの次長が知らないはずはない。

夫人の再三の協力要請に対して、勤労課長は、

「当社に過労死はない」

と言い放ち、この件で弁護士などに頼むようなことをすれば、

「会社は今後、一切資料は出さない」

と突っぱねるような態度をとった。

裁判では発症前の過重労働の有無が争われ、月平均で約七六時間の過重労働があったと認定された。厚生労働省の労災認定基準では、発症前の六カ月間で、時間外労働が月平均四五時間を超えて長くなるほど、発症と業務との関連性が強まるとされている。二〇〇五年四月二十六日、三菱重工が全面謝罪し、一億円を超える和解金を払うことで決着した。

加用芳男は東大を出た技術者である。そういうエリートでも使い物にならなくなった途端に、会社は冷たく非情になる。

労災申請などをすると、労働基準監督署の調査が入り、三菱重工のイメージが悪くなる

など会社として不都合なことになる。軍人社会では上司の命令に逆らうというのはありえない。だから、みんな泣き寝入りするわけである。

加用の妻、豊子は育ちのよい、明るい人で、「おかしいことはおかしい」と言う人だった。勝訴判決の会見では、「酒もタバコも飲まず、健康にも気を使っていた夫がこんなになったのは、仕事のために『やるしかない』という気持ちで頑張ってきたからだ」と語った。加用には胃に穴が空くなど、方々に無理をした形跡があったから、絶対に病気で倒れたのだという気持ちがあった。

加用は重度の脳障害が残ったため、子どもにかえってしまう。息子はそんな父と一緒にキャッチボールなどをして遊んでやる。

「夫が生きていてくれることが自分たちの生きがいです」と豊子は言った。

日経を内部告発した記者

ミドルも黙ってはいない。

日本経済新聞社のワンマン、鶴田卓彦に社長解任クーデターという反逆の狼火《のろし》をあげた大塚将司と、勤務する三菱油化（現三菱化学）からの解雇に対して地位保全の訴えを起こした所沢仁の二人をとりあげよう。

日本経済新聞社にはオーナーがいない。その株は社員や日経ＯＢがもっている。

日本新聞協会賞を受賞した敏腕記者で『日本経済新聞』の現役の部長だった大塚将司は二〇〇三年一月、子会社の不正経理問題や鶴田社長の女性スキャンダルを指摘する文書を社員らに送付して内部告発するとともに、社員株主として鶴田の取締役解任決議を求める議案を提出した。

すると、鶴田は大塚を名誉毀損で東京地検に告訴し、三月末に開かれる株主総会の直前に一方的に懲戒解雇した。

それに対して、大塚は、同年六月に鶴田卓彦前会長らを相手どり、子会社の不正経理により生じた損失分の九四億円を日本経済新聞社に賠償するよう求める株主代表訴訟と、自身の解雇無効確認訴訟を東京地裁に起こすことで対抗した。

その株主総会では鶴田の解任案は否決され、鶴田はやめることもなく代表権ある会長から相談役となって院政を敷く。

雑誌『創』は二〇〇四年の一、二月合併号で、日経ＯＢを対象に実施したアンケート結果を載せている。

そこには痛憤の直言が並ぶ。

同誌編集長の篠田博之は「ジャーナリズムとは言わば他人に対して土足で踏み込むこと

をなりわいとした職業である。それが自分のことになると、不都合なことを覆い隠そうとするのでは、読者の信頼は得られるはずもない。自らを厳しく検証し、自浄作用を発揮してこそ、ジャーナリズムは他者を追及する権利を担保し得るのだと思う」と指摘しているが、その通りだろう。

現役の部長だった大塚将司が「鶴田解任」の株主提案をしたことについては、七一％のOBが「意義ある提起だ」とし、鶴田前会長の辞任は「表面的な糊塗策で何の解決にもなっていない」という答えが五五％、「杉田現社長を含め、鶴田体制を支えてきた役員は総退陣すべき」という声も四八％で半数近い。この一連の事態は「鶴田体制が長く続いたゆえのおごりが招いた」とする答えが七三％だが、果たして、現役社員はそう思っているのか。チェックできなかった同社の労働組合の責任を問う声もあった。

以下、直言の中から、いくつか拾ってみよう。

「この問題が表面化した時点で、会社は内部に調査委員会を設けるなどして、真相を明らかにすべきであった。ところが告発した大塚氏を一方的に解雇し、自ら浄化する能力のないことを世間に示した」

「十数年前だったか、ウォールストリート・ジャーナルが株式市場担当記者の不正を一面トップで報じ、『解説』まで自社幹部の談話を入れてくわしく報じた」

「佐藤正明編集委員が中国テクノセンターの未公開株を買っていたことなどは、鶴田をはじめとする首脳陣の体質を反映したものではないか。佐藤は現在、日経BPの専務になっているが、処分（クビが妥当）もされていない。佐藤の親分の鈴木隆（日経BP前会長）が、佐藤の処分に反対しているので、河村社長が困っていると聞いている。鈴木は昔からブラックな奴を手下に抱えて、本人も危うい立場にあると疑われている」

もちろん、なかには、逆恨みして次のようにメディアを批判する声もある。

「一部週刊誌がえげつない写真入りで連続報道したことに同業者として憤りを感じた。まさしく瀕死の動物に食らいつくハイエナの行為で、一流出版社の発行するメディアのとるべき態度ではないだろう」

このOBは、日経を「一流新聞」と思っているのだろうか。それとも、三流もしくは四流、五流新聞と思っているのだろうか。

こうしたOB株主の支援を受けたこともあって、二〇〇四年十二月、日経と大塚の間で和解が成立し、懲戒解雇処分を撤回された大塚は職場に復帰する。

私は『現代』の一九九一年七月号で、『日本経済新聞』は「株式会社日本」の〝社内報〟に成り下がった、と批判して以来、ずっと日経からパージされている。日本信販の創業者の山田光成の紹介で知り合った鶴田が、とりわけ激怒し、「あれはひどい記事だ」と言いまくったからだと聞いた。鶴田のほかにも知友の多い同紙なので、私としてはかなり手加減したつもりだったが、そのころから鶴田は一切の批判を受けつけなくなっていたのだろう。

大塚は二〇一〇年に日経の関連法人を退職したが、その間も臆することなく、『日経新聞の黒い霧』（講談社）、『新聞の時代錯誤』（東洋経済新報社）といった本を出して、反逆を続けた。

エリート課長の反乱

日経を内部告発した大塚将司について、その人格的クセを云々する声もあったが、それほどの個性がなければ、「たった一人の反乱」を仕掛けることはできない。

派閥争いのあおりで解雇されそうになった三菱油化のエリート課長、所沢仁は、逆に会社を相手どって地位保全の訴えを起こした。少々のことではへこたれない所沢も、訴えた日は、その重圧に参って、横断歩道を渡るときに、友人の助けを借りなければならなかったと述懐している。

先にもふれた「清武の乱」を知ったとき、すぐに思い浮かべたのは、所沢をモデルにした高杉良の『懲戒解雇』だった。

これは三菱油化で実際にあった所沢の反乱の物語である。

旧財閥の一流企業ながら、新興の急成長企業であるためにトップはグループ企業からの寄せ集めであり、一方、若手社員は、花形の化学産業のリーディング・カンパニーとして、どんどん優秀な人間が入ってくるという状況が同社にはあった。

各社とも必要な人間を出すはずがなく、そうした人間の寄せ集めであるトップはお飾りで、主人公の「森雄造」（モデルは所沢）たち若手にしてみれば、実際に会社を動かしているのは自分たちだという意識が強くあったのである。

こうした下克上体質を背景として、社長追放事件が起こる。Oという社長の外国出張中に、取締役が連判状を連ね、その追放を誓い合ったのだ。そして、「北見」が社長となったが、銀行から来たこの男は、連判状を知らなかったことにして、社長に押し立てられる。

しかし、O社長追放では手を組んだ「速瀬副社長」「藤本副社長」そして「川井常務」の間が、ポスト北見をめぐっておかしくなった。特に川井が野望をムキダシにして速瀬を追い落とそうとし、速瀬を支持するエリート課長の森を解雇しようとする。

「やはり私は甘かったのかもしれません」

森雄造こと所沢仁は、私の取材にこう答えた。一度は、北見や藤本や川井を、そう悪い男ではないと見誤ってしまったことを指してだろう。処分に対して森は逆に会社を相手どって地位保全の訴えを起こす。

「あの闘いは誰が勝ったかわかりませんよ。少なくとも私にとっては、オープンにしたことによって、日陰の道を歩かなくてすんだ」

川井らの会社私物化に屈せず、森は闘ったわけだが、川井らが実権を握る「会社」に対抗するのは並大抵のことではない。

「もし、俺がこんな理不尽な暴力に屈服して依頼退職にしろ、懲戒解雇にしろ、黙って受けていたら、両親に対して、妻子に対して、友人や恩師に対して顔向けができると思うか。俺はあの人たち（川井他）を人間として赦《ゆる》すわけにはいかない。批判精神を認めようとせず、自分たちの野心のさまたげになる俺を暴力的にクビにしようとする。そんなやり方に唯々諾々と従っていたら、俺の人生に陰が出来てしまう……」

小説のなかの森の述懐だが、とりわけ日本において、「会社」というもののもつ重圧は大変なものである。

それにしても、かつては社長表彰まで受けた技術屋のエースの森を、突如、クビにしようとするのはムリがあった。

「森の素行を徹底的に調べあげろ。必ずなにかあるはずだ。叩いて埃の出ないやつはいない。十年前まで遡って、森がどんな交際費の使いかたをしたか洗い出せ」

川井が酷薄な顔をしてこう怒鳴っても、「そんな」という雰囲気が人事部のなかにも強かった。森が系列下の加工会社に対して、架空の在庫証明にもとづいて融資したり、取引先から借金したといったことは出てきたが、それらはいずれも「始末書程度の問題」であり、人事部長が、

「この程度で会社を馘首になるということになりますと、該当者はそれこそ何人いるかわかりません」

と川井に言うほどのものだったのである。ところが、陰険な川井はあきらめない。

読売のドン、渡邉恒雄に反逆した清武について、ミニ渡邉だったとか悪評も立てられたが、個性が強い人間でなければ、日本の会社で反乱など起こせない。

森が会社を訴えて、翌朝、出社すると、森の机の上には女性社員たちからの花束がこぼれ落ちそうなほどに置かれていた。新聞にもデカデカと出て、さすがに会社へ行くのがイヤになっていた時だけに、森は胸が熱くなった。その後も、彼女たちはいろいろな情報を提供してくれたし、女性社員たちだけでなく、男性の見知らぬ社員も激励してくれた。

「会社ってこんな人もいてやってたんだな」

そのとき、森はこう思った。会社を訴えるようなことにならなかったら、エリートとして先頭を突っ走ってきた自分は、こうした人たちのコールサインに生涯気づくことがなか

ったかもしれない。

森雄造すなわち所沢仁は、大多数の〝社畜〟のなかに、社畜ならざる人間として燦然と輝いている。

出世欲の餓鬼道について

奥村宏の『徹底検証 日本の三大銀行』（七つ森書館）に「西川善文と島村大心」が対比されて出てくる。

西川は言うまでもなく、住友銀行の頭取から日本郵政の社長になった人であり、竹中平蔵とツーカーの仲といわれる。一九三八年生まれで、大阪大学を卒業し、一九六一年に住友銀行に入っている。

一方、島村大心は西川と同じ一九三八年生まれながら、東大法学部を卒業し、西川より一年遅れて一九六二年に住友銀行に入った。

この島村は非常に面白い人で、ロンドン、ニューヨークなどの海外支店勤務を経て、一九九〇年に取締役法人部長になったが、翌九一年に退職し、高野山に入って僧侶になったのである。

私は一九九三年に中京テレビの企画で島村と対談するために高野山に行った。

島村の話で、いまも忘れられないのは、出世欲にはきりがないということだった。たとえば社長になったら、それで満足かというと、まったくそうではなくて、次は何としても実力会長になろうと思う。そして、長くその椅子に座り、次に財界の役職を狙うのである。勲章も欲しくなるのだろう。

島村のよく知っている人が、商社の取締役になり、その後、子会社の社長になって落ち込んでいたという。一般的には、大商社の取締役になって満足すればいいと思うのだが、「餓鬼道」には果てがないのだ、と島村は言った。

島村はそこから自分を引き離したかったのに違いない。息子が大学を出て就職するのを待って高野山に入ったのだった。

「最初は抵抗ありましたよ」

と言いながら、島村は私たちに給仕してくれた。大銀行の取締役だった島村が毎日、便所掃除もする。抵抗がない方がおかしいだろう。しかし、三年目にもなるからか、そういうこだわりを落として、島村は明るかった。

そんな島村に、そのころ話題になっていたゼネコン汚職に関連して、自分もその立場にいたら同じことをやるかと尋ねたら、そこは親分・子分の関係でやったかもしれないという。

訪ねた翌年に島村から『己を生きる、心を生きる』（日新報道）と題した本が贈られてきた。それを読むと、期せずして、西川批判になっている。

「その権限はその地位がもっているもので、そのポストについている個人にあるのではない。ところが、若くしてそのようなポストにつくと、これを混同して、自分が偉くなったと思ってしまう。こういう人は、あなたの身の周りにも何人かいるはずだ。大組織であればあるほど、そういう人は見つけ易いはずだ。これは一種の慢心であって、人間の心を駄目にする典型的な要素だ。いわゆる能力のある人や、出世街道を驀進《ばくしん》する人で、この慢心で倒れていく人はたくさんいる」

なかには、人も羨む出世をしたものの獄中につながれる例すらある、と島村は続けているが、次の指摘も島村ならではだろう。

「サラリーマンの各ポジションを難なくこなし、まるでオールマイティかの如き優秀な人も時には見受けられる。しかし、その人をよくみると、全く詩の心を解する能力がなかったり、人の心を理解する能力がなかったり、宗教的心情を理解するのに無能であったりすることはよくあることだ」

これは西川だけでなく、彼を日本郵政のトップにもってきた竹中平蔵や竹中を抜擢した小泉純一郎にもあてはまることは言うまでもない。結局は彼らは有能ではないのだ。

島村のような人はめったにいないだろうが、戦士に見切りをつけて戦場から抜け出し、ふつうの市民に戻る人がいたというのはある種の救いである。

〝怨歌〟としての経済小説

私は横光利一のことを経済小説の元祖だと思っている。

「漱石は金が欲しくて書いた作品が、今から思ふと一番良いと言つたといふ。このやうな逆説も口にすれば今なほ汚くなるのは止むを得ないが、日本文学もいよいよ金銭のことを書かねば近代小説とは言ひ難くなつた」

〝小説の神様〟といわれた横光利一は、一九三五年に発表した『家族会議』の「作者自身の言葉」にこう書いた。

横光自身、『家族会議』を「茶番小説」とやや斜に構えた評価をしているが、その印税によってヨーロッパ旅行に行けたことを告白している。作品は、東京商人が大阪商人から日歩一〇銭で借りたことからはじまる「闘争」を描いたもの。しかし、金銭についての文壇の反応は極めて鈍かった。けれども、横光は、「ヨーロッパの知性とは金銭を見詰めてしまった後の知性」であるのに、「日本の知識階級の知性は利息の計算を知らぬ知性である」と喝破した。

夏目漱石には『道楽と職業』という講演録がある。これがまさに経済小説の話なのである。日本の小説はみんな私小説だが、それはしょせん道楽だと。職業というのは自己本位ではなくて、他人本位のもので、そこの苦労を通過したものでないとダメなのだと言っている。

この講演録は漱石が文学好きの物書きや学者に売った喧嘩だと思うが、漱石の意見は論外というか黙殺されてしまった。漱石の『私の個人主義』という講演録は、私にとっては経済小説評論の原点である。

学者や芸術家のような、漱石のいう〝道楽的職業〟は別として、製造業にしてもサービス業にしても、ビジネスはふつう、他人のためにモノをつくったり売ったりする「他人本位」の仕事である。そして、否応なくビジネスマンは金銭を見つめさせられる。

しかし、横光の鋭い指摘のあとも、日本の小説の世界には、主人公が何で食べているのかわからないとか、病気の奥さんの下着を洗うといった私小説に代表されるように、「自己本位」の道楽的職業生活者しか登場しなかった。

道楽的職業でないビジネスは、他人のためにモノをつくったり売ったりするのだから、どうしても「自己をまげる」ということが出てくる。そして、会社という組織のなかで虫の好かないヤツとも協力して仕事をやらなければならない現代のビジネスマンは、二重に自己をまげざるをえない。

しかし、こうした屈折を、これまでの、いわゆる純文学作家たちは完全に見落としていた。「売れないのが純文学で、売れるのが大衆文学か」と梶山季之《としゆき》は皮肉ったそうだが、いわゆる純文学は〝他人本位の屈折〟を経たことのない作家たちのギルド的文壇文学だったのである。

もちろん、金銭に背を向け、反俗的姿勢をとることによって、鋭く「現実」を批判したいくつかの純文学作品の功績を否定するつもりはない。ただ、醜悪な現実に背を向けて、ひたすら自己の内面を掘り下げる態度がマンネリ化し、いわばラッキョウの皮むきに似た作業になったとはいえるだろう。多くの作品が「社会」から離れ、「現実」を映すことがなくなってしまったのである。

そこに、現実のビジネス社会を反映した経済小説が流行する素地があった。

「もはや〝戦後〟ではない」と高らかに謳い上げたのは、一九五六年の『経済白書』だったが、翌五七年に『輸出』で『文学界』新人賞を受け、経済小説のパイオニアとなった城山三郎は、当時、

「日本の小説は、どうも、経済社会の外で書かれているような気がするんです。小説が人間の生きかたを問うものであるとすれば、この経済界でどう生きるか、また、どういう関

わりあいかたをしていくかということは、非常に大きな問題であるはずなのに、それらをはずれたところで小説が書かれていることに対する不満がありました」

と述べている。

そのほか、城山の『総会屋錦城』（新潮文庫）、梶山季之の『黒の試走車』（岩波現代文庫）、あるいは清水一行の『小説兜町《しま》』（徳間文庫）など、それまで小説の題名としてそんな名前が出てくることはなかった。

城山が読者から聞いたところによると、商社マンを主人公にした城山の『毎日が日曜日』（新潮文庫）をテレビでやったとき、旦那と一緒にテレビを見ていた奥さんが、初めて黙ってビールをもって来てくれたとか。「あなたも大変ですね」というわけだろう。

内と外で休みなく熾烈な闘いが繰り広げられる企業社会は、よかれあしかれ、女が主人公とはなりにくい「男の世界」だった。

そこに働くビジネスマンの「男はつらいよ」というタメイキ、あるいは怨歌として経済小説はあるのかもしれない。

私が経済誌にいたころというのは、経済小説が一定の読者層をもつと出版社がわかりはじめた時期だった。それまで古本屋のゾッキ本の棚に並んでいたのが、そのころから文庫になりだした。すると、経済と小説の両方がわかる人ということで、ほとんどの文庫の解説を、ちょうど『経済小説の読み方』（現代教養文庫）という本を書いていた私が一手に引き受けることになった。それで、『夕刊フジ』で経済小説を紹介する連載がはじまった。「日本を知るためには経済小説、企業小説を読むのが一番いい」と書いたことで、『ニューヨーク・タイムズ』や『ル・モンド』が経済小説の特集を取り上げ、しだいに経済小説というジャンルが確立されていく。

私の経済小説家地図

経済小説の作家は、大まかにいって、次の三つのタイプに分けられる。

一つは、「向日派」あるいは「普遍派」ともいうべきもので、小島直記、城山三郎、そして高杉良らがこのタイプに入る。池井戸潤もそうである。

次に、「暗部派」というタイプがあり、清水一行、広瀬仁紀、安田二郎、笹子勝哉、大下英治、そして真山仁がこのタイプである。

三つ目は、「怨念派」ともいうべきもので、森村誠一、渡辺一雄、咲村観、そして門田泰明が、このタイプだといえるだろう。

もちろん、これらのタイプが画然と分けられるわけではないが、「向日派」は、総じて主人公に肯定的人物を取り上げる。城山作品に特徴的に見られるように、どんな状況にあっても、理念やロマンを失わない人物を主人公に据えるのである。この限りでは、抵抗精神を失わない反骨者が登場するが、基本的に、「エライ人はエラかった」というNHKの大河ドラマ的偉人伝に傾斜する危険性をもっている。

城山三郎は「私はスキャンダルを書きたくない」という。これは「向日派」に共通する要素だが、それはまた大きな弱点でもある。

無名のミドルに焦点をあて、『真昼のワンマン・オフィス』（新潮文庫）のような哀切な秀作を書いた城山が、たとえば『男たちの好日』（新潮文庫）のような、有名人の平凡な「伝記」を書くまでに、なぜ〝重心移動〟したか。

それは「暗部派」に対抗して、スキャンダルを書かないというそもそものスタートに原因がある。反企業的要素を含む「暗部派」と違って、基本的に企業を肯定する「向日派」によってしか、企業が救われる方向は描かれないとは思うが、しかし、その「向日性」のなかにこそ、「偉人伝」へ傾斜する毒が潜むのである。

この危険から免れるためには、スキャンダルを含む暗部の処理から逃れられないミドルに視点を据え続けることだろう。

次に「暗部派」は、なかなか表面には出てこないスキャンダルや、汚職等の政治のカゲを描く。

経済小説は、「きれいごと」ではないビジネスの実態をあますことなく描き出すところに価値があり、その意味では、「暗部派」の書く小説が、最も経済小説らしいともいえる。これらの〝事実〟を抜きにして〝人間〟を語ってもしようがないのである。そのため、恥部をもつ企業からは、「暗部派」の作家に対して誘惑や脅しが絶えない。

清水一行の自宅には、あるとき、ドスの利いた男の声で、「これからダイナマイトをもって行くぞ」という電話がかかった。たまたま出た奥さんは、内心ビクつきながらも、「どうぞ、いらして下さい」と答えたとか。

このように、いわば血刀を引っ下げて企業悪を書き続けてきた「暗部派」に対しては、ステレオタイプだという批判や、えげつないという非難が聞かれるが、それは一面では当たっているとしても、企業内部のスキャンダルは、事実、イヤになるほどステレオタイプであり、えげつない。

「向日派」と「暗部派」の最大の違いは、モデルがそれを喜ぶかどうか、である。経済小説を紹介する連載の取材でも、城山作品のモデルには喜んで応じてもらったが、「暗部派」の作品では断られる場合が多かった。

断られた〝大物〟では、山崎豊子『不毛地帯』(新潮文庫)がある。主人公、壱岐正のモデルとされる伊藤忠商事相談役、瀬島龍三の、秘書を通じての答えは、「私はあの作品とはいっさい関係ありません」だった。

ちなみに、壱岐という名前は、東京経済大学教授の壱岐晃才《あきとし》から〝借用〟したといわれる。

「将」と「兵」のどちらに光をあてるか

経済小説作家のなかで、ロマンをもった肯定的人物を主人公にする「向日派」も、企業の暗部に踏み込む「暗部派」も、インサイダーとアウトサイダーの違いはあれ、企業に勤めたことのないジャーナリストが多いのに対し、「怨念派」は、かつて企業に勤め、それに怨念を抱いている点が特徴である。その意味では、ブリヂストンタイヤに勤めていた小島直記も「向日派」であると同時に「怨念派」といえる。

この派の〝元祖〟は、住友不動産でのサラリーマン体験をもつ源氏鶏太だろう。しかし、屈辱のホテルマン体験をもつ森村誠一によって、この派の看板は塗り替えられ、怒りの火が燃える「怨念派」となった。

内部告発小説を書いて大丸をやめざるをえなくなった渡辺一雄の小説にも、病気で住友倉庫を退社した咲村観の小説にも、濃淡の差はあれ、サラリーマンの怒りと怨念は出ている。

そのために、「向日派」の小説と違って、モデルとされた企業はこれらの小説を喜ばないが、企業が喜ばないという点では同じでも、基本的には企業を肯定する点が「暗部派」の小説と違うのである。

これは、咲村の、

「上級管理職や役員への夢は志のあるサラリーマンなら誰しも抱くものである。この物語がそれらの人々に判断の材料を与え、会社勤務にあたっての思考形成の一助になるのであれば幸いだと考えている」(『経営者失格』あとがき)

という言葉でも明らかだ。

年齢的に見ると、経済小説家は、一九二七年生まれの城山三郎、二八年生まれの渡辺一雄、三〇年生まれの咲村観、三一年生まれの清水一行と広瀬仁紀、そして三三年生まれの森村誠一といった「ひとかたまり」があり、それに三九年生まれの高杉良、四〇年生まれの門田泰明、安田二郎、ちょっと離れて、四三年生まれの笹子勝哉、四四年生まれの大下英治という、次の世代の「ひとかたまり」がある。

これに、三七年生まれの佐木隆三と三八年生まれの夏樹静子といった〝惑星的存在〟を加えれば、私の「経済小説家地図」は完成する。

私の分類した「向日派」「暗部派」「怨念派」のフロンティアは、それぞれ、城山三郎、清水一行、森村誠一だが、その火は、次の世代の高杉良、安田二郎、門田泰明へ受け継がれている。「SSM」から「TYK」へ時代は流れる。

高杉、安田、門田が、その派の代表であり、パイオニアである城山、清水、森村をどう超えるか。

最近の作家ではなかなか注目する人はいない。たとえば池井戸潤について、ある銀行の頭取だか上役が、「池井戸もけしからんが、高杉はもっとけしからん」と言ったという。それはどういうことかというと、城山、清水、高杉などは企業の外の人間であるのに対して、池井戸は三菱銀行という企業の中にいた人間なので、やはり銀行というものを肯定的に描く。上司が悪いというような個人のレベルの話であって、銀行自体の「悪」は書かない。問題意識の角度が違うのである。だから、サラリーマンが安心して読めるのだろう。

その違いは同じ出光興産を描いた作品を比べてみるとよくわかる。

高杉良の『虚構の城』（新潮文庫）と百田尚樹の『海賊とよばれた男』（講談社文庫）である。

高杉が処女作『虚構の城』を出したとき、彼は〝覆面〟だった。そのために、出光興産をモデルにしたこの小説は、同社の元社員の「内部告発小説」だといわれた。

出光という会社はそれこそ、出勤簿もなく、労働組合もなく、温情主義の会社だといわれている。会社が面倒見がいいということは余計なところまで社員を支配してくるということである。出光は社員にとっていい会社とはいえない。一方、百田の『海賊とよばれた男』はそのような問題意識のない単なる実録にすぎない。

「一将功成って万骨枯る」という諺があるが、「将」の方に光をあてるのか、「兵」の方にあてるのか、どちらに光をあてる作品かが分水嶺になる。

私が推奨する経済小説は、「ミドルに焦点をあてつづける」ことが決め手になる。

私は五味川純平に「経済小説のモデルたち」というテーマで取材に行ったことがある。あとで澤地久枝に、よくインタビューを受けてもらえたね、と言われたが、五味川は喉頭がんをやったあとで声がよく出なくて、空気でしゃべるしかない。そんな状態だったが、インタビューの最初にズバリ、「戦争は経済だからね」と彼は言った。

満州事変の前夜から太平洋戦争の終結までのほぼ十五年間を、史実に忠実にこだわりながら、しかも架空の後発の伍代財閥（鮎川コンツェルンがモデル）の物語を織り込んだ、五味川純平の『戦争と人間』（光文社文庫）を、私は経済小説の目標とすべき一典型としたいと思う。あの壮大なドラマのように、資本の動きや企業の動きを、構造的に浮かび上がらせる方向をめざしてほしい。そうしてこそ、経済小説は、それぞれの企業のワクに閉じこもりがちで、「横へのフットワーク」に弱いビジネスマンに刺激を与え続けるだろう。

私が『実と虚のドラマ』（のち『経済小説のモデルたち』と改題、現代教養文庫）を書き始めるにあたって、頭のなかに浮かんだのは、

「否、〈事実〉なるものは存在しない。存在するのは〈解釈〉だけである」

というニーチェの言葉だった。この言葉は書き終えたいまも私の頭のなかにある。

「真実は虚構を通してのみ語られる」ともいわれるが、大切なのは、どこが実でどこが虚かではなく、虚が実を強め、全体としてリアリティという「本当らしさ」を獲得しているかどうか、なのである。

それについて城山三郎は、取材の途中で、「作家としてはあまり手の内を明かされると困るんだけれども」と苦笑したことがある。

第四章　ホワイト企業のブラック性

ブラックの尺度は労働条件だけではない

社員を過労死に追い込むような、いわゆるブラック企業だけがブラック企業なのではない。たとえば、「安全」を喧伝しながら、あれだけの災害を惹き起こし、それでもなお、責任逃れに汲々としている東京電力こそがブラック企業なのである。東電は原子力発電推進という国策のもとにその体質を醸成してきたから、日本という国がブラック国家だということになる。

もちろん、ブラック企業という言い方を、私は有効だとは思う。しかし、労働条件だけで企業を見ていては、「ブラック企業大賞」から東京電力やトヨタが抜け落ちてしまわないか。もっと露骨にいうと、その捉え方では、現行犯は捕まえられるけれども知能犯が逃げていくだろう。コソ泥を捕まえて大泥棒を逃がしてしまう。

第一章で指摘したトヨタの「かんばん方式」は、端的にいえば、道路を倉庫代わりに使っている方式で、トヨタ専務だった大野耐一が素晴らしい方式だと喧伝した。しかし、たとえば自動車が売れるためにはそこに舗装された道路がなければならない。道路は税金を使ってつくられている。その道路を、いわばただ乗りして勝手に使って儲けている。トヨタはそのコストを負担していない。それを「社会的共通資本というものを忘れている」と批判したのが、経済学者の宇沢弘文である。その著書『自動車の社会的費用』（岩波新書）はベストセラーになった。

亀井静香は、大企業が簡単にリストラをするのはおかしいという。当然ながら大企業は失業保険に入っている。しかし、失業保険というのは税金だ。自分のところは簡単に社員のクビを切っておいて、失業保険でまかなうというのは大企業の甘えじゃないか、というわけである。

つまり、公害、薬害、原発などの「企業害」や企業の犯罪というホワイト企業のブラック性を忘れてはならないだろう。

東京電力こそ最大のブラック企業

東京電力会長の勝俣恒久や社長の清水正孝以下、東電の経営陣はあれほどの事故を起こしたのに、まったく反省していない、と私は講演などで強調している。

ジャーナリストの内橋克人は一九八二年の『夕刊フジ』の「社長辞典」で、当時の東電の社長、平岩外四に、原発は本当に安全なのかと問いかけ、平岩は、

「安全だと思います。少なくともですネ、あの危険性をもってるものを、事故を起こさないように、というあらゆる思考と措置とがとられている限りにおいては安全だ、とわれわ

れは信じているんです」

と答えている。つまり、およそ三十年前から、「安全」は「信仰」だったのである。

さらに内橋が、鉄道にも飛行機にも事故は起こるが、鉄道なら信号が赤になることで止まり、飛行機は着陸することで安全を守るという〝フェイル・セーフ〟の考え方に立っているけれども、原発にとってのフェイル・セーフはと尋ねると、平岩は、

「異常があれば、制御棒が動いて原子炉が停止する。大量の冷却水で核燃料を冷やす、そして格納設備が放射能を閉じ込める。こうしたことが、全部自動的にできるようになっていることだと思うんです」

と言っている。しかし、いま、これが空しく聞こえるのは私だけではないだろう。

東電を含む企業の暴走に警鐘を鳴らし続けてきた内橋と経済学者の奥村宏、そして私は、内橋、佐高、奥村の頭文字を並べて〝USO放送（ウソ放送）〟などと冷笑を浴びせられてきた。長谷川慶太郎や堺屋太一ら浴びせる方が絶対的多数派だったが、そのほとんどが、平岩の答えをそのままオウム返しに言うような原発賛成派だったのである。

彼らにも、勝俣ら東電の経営陣と同じように反省のハの字もない。それどころか、安全神話が崩れたら、少し方向転換して原発を止めると日本経済が立ちゆかなくなるなどと言っているのである。立ちゆかなくなるのは電力会社からのCM料や研究費が縮小される彼

らの経済ではないのか、と皮肉りたくもなる。

奥村はその著書『東電解体』（東洋経済新報社）で、「放射能漏れによって人体に危害を加えられた従業員や住民に対する刑事責任」を問題にしている。

たとえば水俣病の患者たちはチッソの吉岡喜一元社長や西田栄一元水俣工場長を殺人罪で告訴したが、熊本地検は殺人罪ではなく、業務上過失致死致傷罪で起訴した。一審の熊本地裁は被告を有罪としたが、被告側が控訴し、二審の福岡高裁は控訴棄却したため、被告が上告した。この裁判は最終的に、一九八八年に最高裁で被告に禁固二年、執行猶予三年の刑が確定した。胎児性水俣病患者七人の死亡についてだけの責任を認めた極めて軽いものだったが、それでも有罪とした。

次に刑事責任が問われたのが薬害エイズ事件のミドリ十字（現田辺三菱製薬）で、血友病の患者に対してミドリ十字の非加熱血液製剤を与えたために、患者がＨＩＶに感染し、死亡したという事件で、大阪地検はミドリ十字の松下廉蔵元社長と須山忠和前社長を業務上過失致死罪で起訴した。この裁判もやはり最高裁までいって、二〇〇五年に松下被告は禁固一年六カ月、須山被告は禁固一年二カ月の実刑判決を言い渡されて結審している。

私は、東電の経営陣は松下被告や須山被告以上の刑事責任を問われて然るべきと考えるが、もちろん、歴代の経営陣の責任も追及されるのは当然だろう。

役人ではなく、厄人

「領海の外に公海がある」と歴史学者の網野善彦は喝破した。つまり、国家の支配する領土や領海の外に公（パブリック）が存在するのであり、国家イコール公ではないということである。

国家をそのままパブリックなものと見誤った風潮が強いこの国では、国家はすなわち公ならずという指摘は、どんなに強調しても強調しすぎることはないだろう。

よく官僚をめざす人間が、民間の私企業は利益第一だから、と自明のように言う。しかし、公益を考えて官僚となり、そのまま、その志をもちつづける官僚が何人いるか。

私は、現代の官僚には自殺する官僚と腐敗する官僚しかいない、と書いたことがある。もちろん極論だが、たとえば水俣病の患者への補償の問題で板ばさみとなって自殺した、環境庁（当時）企画調整局長の山内豊徳のような官僚はほとんど一割にも満たない存在であり、「ノーパンしゃぶしゃぶ」などのスキャンダルにまみれた大蔵（現財務）官僚のような腐敗官僚が多くを占める。

私はそれで、彼らを役人とは呼ばず、厄人と蔑称する。たぶん、その中間でたいていの官僚は悩んでいるのだろう。

ただ、官僚たちの実態を見る限り、民間企業よりは官庁の、つまり、役所の方が公益を考えているとは思えないということである。

いずれにせよ、いわば公益競争をしているのであり、最初から、公益は国家、民間は私益と一方的に軍配をあげるわけにはいかない。

二〇〇六年秋、〝ミスター東京電力〟の平岩外四が、桐花大綬章をもらったというニュースを耳にした瞬間、私はどうにも抑え切れない憤りを感じた。

原発の欠陥を隠蔽するためのデータ改ざん、数々のトラブル隠し、そして、世界を震撼させる福島第一原発の人災事故を惹き起こした東京電力の変質は、この平岩からはじまったと私は思う。

勲章をもらうのは国に借りをつくること

一方で勲章を嫌った民間人といえば、私はすぐに三人の名前が頭に思い浮かぶ。

真っ先に浮かぶのは、「『民』と『野』の伸長なくして、日本に民主主義は根づかない」と、生涯民の精神を説いた福沢諭吉である。福沢が官に対する民を徹底して主張し、その大事さを説いたのは、官僚国家というものがいかに国を腐敗させ、災厄をもたらすものかを見通していたからにほかならない。

次は、その福沢諭吉の門下生で、戦前・戦後の動乱期に電力の国家管理（電力国管）に徹底的に抵抗し、官僚と激しい攻防を繰り広げた「電力の鬼」松永安左ヱ門だ。福沢の教えを一身に体現し、かつて国家に奪われた電力を民の手に取り戻し、日本の復興を果たした人物である。松永は遺書で、「死んで勲章位階（もとより誰もくれまいが、友人の政治家が勘違いで尽力する不心得かたく禁物）これはヘドが出るほど嫌いにて候」と書いた。

そして三人目は、松永とともに電力国管と闘い、いまの九電力体制をつくりあげた木川田一隆である。ともに、東京電力を興した立役者でもある。

福沢諭吉も松永安左ェ門も、民の自由を弾圧する官僚を骨の髄まで嫌っていた。戦闘的な自由主義を貫いた河合栄治郎を師と仰ぐ木川田も、官僚に真っ向から対抗した人間である。そんな志をもつ彼らが、お上がくれる勲章など嬉しがるわけがない。勲章をもらえば国家に借りをつくることになる。借りをつくれば民の自由な精神が損なわれるとして、ギリギリまで勲章を拒否し続けたツワモノたちである。

松永安左ェ門が「官僚は人間のクズである」と豪語し、木川田一隆が「国に電力の主導権を奪われてはならない」と国と徹底抗戦を繰り広げた時代には、民の精神を身体を張って守ろうとした企業人がいた。いまは福沢がつくった慶応の出身者でさえも、喜んで勲章をもらうような人間ばかりである。そうした態度が、ますます官僚国家の腐敗を助長しているとは誰も考えない。

なぜ松永や木川田がそこまで官僚を嫌ったのか。

それはかつて戦争を遂行するために軍部といわゆる革新官僚が手を組んで、電力の国家管理を強行したからにほかならない。電力を民間企業が担っては戦争のための統制がやりにくかったからである。これはナチス・ドイツの「動力経済法」をマネしたものだったが、ほぼ同時に成立した国家総動員法によって、当時の大日本帝国は電力の消費規制を実施した。

勲章は役所を通じて申請する。電力の場合は経済産業省である。松永や木川田が勲章を嫌い続けたのは、彼らが興した電力会社に、そうした役所、および国を介入させないためだった。それを木川田の秘蔵っ子といわれた平岩がやすやすともらうとは何事か。

平岩の厚顔ぶりに腹の虫がおさまらなかった私は、『週刊東洋経済』のコラムに、

「平岩よ、宇野（宗佑）より下位の勲章をもらって嬉しいか」

とかなり激して書いた。すぐに首相をやめた宇野と比較してである。

しばらくして、平岩と親しい城山三郎から電話があった。平岩が会いたがっているから一緒に会いに行こうというのである。平岩の顔など見たくもなかったが、城山の誘いではむげに断れない。東電で会い、木川田の精神を見習うべきではないかと尋ねたら、平岩に、

「サタカさん、私は勲章を拒否するほど偉くはないんです」

と言われた。平岩なりの自戒を込めた言葉だったのだろうが、この平岩から東電は国家との緊張関係をなくしていったのである。そこに平岩以降の現経営陣の堕落がある。

木川田一隆は最初、原子力発電には反対だった。

「原子力はダメだ。絶対にいかん。原爆の悲惨な洗礼を受けている日本人が、あんな悪魔のような代物を受け入れてはならない」

部下の熱心な説得にも、木川田はこう言って拒否し続けたという。

しかし、一九五四年、中曽根康弘が奔走し、国会で初の原子力開発予算が可決された。すると、その木川田もついに「これからは、原子力こそが国家と電力会社との戦場になる。原子力という戦場での勝敗が電力会社の命運を決める」と言うようになる。

原子力発電の主導権を握るのは、官か民か。木川田は、松永とともに死闘を繰り返した国家との戦争が、再び原発をめぐって起きることを予感したのである。しかし、原発への緊張感は失わなかった。

私は『電力と国家』（集英社新書）でこう書いた。

「彼ら（松永や木川田）にあって、平岩やいまの九電力社長たちにないものがある。それは国家との闘争の歴史と、民間が主導する電力で日本を豊かにするのだという気概、そして企業の社会的責任への自覚というものである」

関西電力の閉鎖体質

東京電力に限らず、関西電力の傲慢な閉鎖体質も引けをとるものではない。

一九九一年二月九日、関電美浜原発二号機で、それまで国や電力会社が「起こりえない」と言ってきた蒸気発生器細管の破断事故が発生した。スリーマイル島原発事故に比すべき大事故を惹き起こしかねないものだったが、当時の筆頭副社長、飯田孝三（原子力本部長兼事故対策委員長）は、二月十九日午前、通産省（現経済産業省）資源エネルギー庁に呼ばれて、今後は二次冷却水の放射能濃度に有意な変化があれば、原子炉を止めるよう指示されると、

「真摯《しんし》に受け止め、指示通りにやる」

などと神妙だったのに、同日午後、経団連で記者会見したときには、二次冷却水の放射能濃度が二〇％上昇すると、運転停止になると聞いて、

「これでは運転するより止めた方が安全というものだ。この基準が元では、半年に一度くらい止めることになりかねないが、あまり止めていては電力供給に支障がある」

と居直った。それを知った資源エネルギー庁が、

「指示が実施されなければ、それなりの対応を考える」

と態度を硬化させると、二十日の朝に、あわてて同庁長官に電話で謝罪する一方、大阪の関電本社で記者会見し、

「私の真意が伝わらなかった。不徳の致すところで、深くおわびしたい。（新基準を本社で受け入れたことを）知らないまま申し上げたのはいけなかった。よく聞いてみると、新基準でも原子炉はめったに停止することはないそうで、私の発言は間違っていた」

と釈明した。しかし、この「釈明」がタテマエで、「反発」の方がホンネであることは明らかだろう。ちなみに、それから四年あまりあとの一九九五年十二月八日に起こった動燃（当時、動力炉・核燃料開発事業団、現日本原子力研究開発機構）もんじゅ建設所のナトリウム漏洩事故当時の理事長、大石博も関電出身者だった。

関西電力は九電力中一番の原発電力会社だが、同社の閉鎖性は恐るべきものがある。

奥村宏は「その内部は真っ暗闇で、外からはもちろん、内部の人間にも会社がどうなっているのかさっぱりわからない。とりわけ人事は密室人事である」と指摘した。

奥村は『朝日ジャーナル』に連載され、のちに『企業探検』（現代教養文庫）に収められたレポートでこう書いたのだが、関西電力に取材を拒否された奥村は「この暗闇の王国にいま必要なのは電気の明かりである」とし、ゲーテの「もっと光を」という言葉を経営陣

と社員に進呈している。

　この奥村レポートが起爆剤となって一九八七年二月二十六日、いわゆる「関電クーデター」が起こった。

　代表取締役名誉会長の芦原義重が、側近の副社長、内藤千百里《ちもり》とともに、取締役会で解任されたのである。

　関電のドンで関西経済連合会の会長をやった芦原は、自分の女婿の森井清二を社長にするなど、公益企業たる関電をまったく私物化してきた。その無二の忠臣の内藤は、副社長になっても芦原の秘書を務めていた人物で、すでに八二年に出ていた清水一行の『小説財界』（徳間文庫、角川文庫）に芦原と腹心の内藤は、「芦塚亮義」と「藤井特務機関」を駆使する「藤井十三一」という名で登場する。

「藤井は芦塚の股肱の臣として、社内的に藤井直結の親衛隊を配置し、二重三重のスパイ網を張り巡らしながら、幹部社員の動向を常にキャッチしていた。そして幹部社員の中に、芦塚体制を批判するような不穏な動きがあると、いち早く芦塚から与えられた人事権を行使し、事前にそれらの芽を摘み取ることで現在の確固たる芦塚天皇……体制を築いてきたのだった」

　このクーデターが起きたとき私は、この作品はそれを予知していたなと思うとともに、新聞記者がこれまで、「藤井十三二」が原発反対運動を抑えるために暴力団を使っていたことなどについて、ほとんど報道していなかったことに怒りを感じた。

当時の『週刊文春』には、副社長の内藤がゴルフのあと、風呂場で芦原の背中を流していたといった話も出ている。関電の常勤女子社員がはっきりした雇用契約もないままに、九年間にわたって芦原邸の「お手伝いさん」として使われていたという事実もある。

内藤のような〝副社長秘書〟に支えられて、芦原は関電の代表権を二十八年間も手放さずに八五歳まで副社長以上が出席して毎月一回開かれる最高経営会議の座長をしていたのだった。

こうしたことにたまりかねて、会長の小林庄一郎が芦原と内藤の取締役退任動議を出し、二人は解任されたのだが、もちろん、これに芦原の女婿である社長の森井は賛成しなかった。

私物化批判に対して芦原は『週刊朝日』の一九八七年三月十三日号でこんなことを言っている。

「何が私物化や。僕は社長になってから全然バーには行かんの。大阪のキタに太田いう有名な高級バーがあったの。ママが僕を連れてきた人には百万円の懸賞金出すゆうてたけど、いっぺんも足を踏み入れん。小林君は会社の金でほうぼう飲み歩いとるいうで。僕は技術屋でね、アイデアを出して会社を何十兆円も儲けさせた。関電が九社中いちばん安い電力料金を守っとんのは僕が私物化せんで、無駄遣いせんかった証拠や。業者に情実を加えたことは一度もない」

まさに泥仕合だが、代表取締役名誉会長などという珍妙なものになった人に軍配をあげるわけにはいかない。「明かり」が必要なのは関電だけではない。ほかの電力会社も大同小異である。

オリンパス問題を報道しないメディアの堕落

ワンマンの前オリンパス会長、菊川剛から、

「私は思ったように会社を変えることができなかったが、あなたならできると信じている。引き受けてくれるか」

と言われて社長に就任したウッドフォードは、菊川の考える方向ではなく、会社を変えようとして解任された。

その闇を暴いた月刊誌『FACTA』を菊川は「ただのタブロイド・ジャーナリズム」と一蹴し、菊川と同じ穴のムジナの財務担当副社長、森久志は、

「森さん、あなたは誰のために働いているのですか」

と尋ねたウッドフォードに、

「菊川会長です」

と答えたという。

日本のヤクザ映画と西部劇の違いについて、映画評論家の佐藤忠男が、西部劇では、

「指図は受けねぇ」

というセリフが多いのに、ヤクザ映画では、

「親分、なぜ、一言、死ねとおっしゃって下さらねぇんですか」

となると指摘している。

社長という役割で部下をコントロールしているのではなく、社長という身分が社員を支配している。上司と部下の関係がほとんど親分子分のそれになるのである。

だから、部長あるいは課長の引っ越しに、部員や課員が駆けつけて手伝うことがおかしいと思われない。仕事を離れても、上役・下役の関係が続くのは、役職が機能ではなく身分となってしまっているということである。

会長になってもCEO（最高経営責任者）の座を譲らない菊川に対して、社長となったウッドフォードがそれを求めると、菊川が怒鳴り出したので、ウッドフォードは、

「私に対して怒鳴りつけるな。私はあんたの走狗（プードル）じゃないんだ！」

と言い返した。

彼らが絶対に露見しないだろうと自信をもっていた同社の不正が暴かれ、菊川もついに二〇一一年十一月二十四日に取締役を辞任せざるをえなくなった。

ところが、菊川らは不正を認めたあとも出社していたという。それについてウッドフォードは次のように憤慨する。

「信じられないことだ。証拠の隠滅が行われない可能性がどこにあるというのだ。私は、すべての社内システムからアクセスを拒絶されたというのに」

なぜ菊川のような人間がトップになり、こうした不正をやるのか。

ウッドフォードはその原因の一つを「あまりに静かな株主」に求める。

オリンパスの不正な買収が表に出てから、欧米の機関投資家やファンドは、公の場で取締役の退陣や情報公開を徹底してやるように要求してきた。その一方で、過半数を占める日本の株主は黙ったままである。

これは株式持ち合いの弊害ではないか、とウッドフォードは指摘する。つまり、相身互いで、会社同士、批判し合わないのだ。

オリンパスにおいて菊川は絶大な権力を誇っていて、自分以外の人間が菊川に異論を唱える場面を一度も見たことがない、とウッドフォードは回顧している。

「私が社長に復帰したら、アメリカ型の強力な社外取締役制度を導入するつもりだ。社長に対しても強い発言権をもち、経営の舵取りを監視する役割を担ってもらう。また、フレッシュで有能な人材も登用していきたい」

これがウッドフォードの提言と抱負である。

それにしても、『FACTA』が書くまで、どうして『日本経済新聞』をはじめとしたメディアはその秘密を暴けなかったのか。癒着しているからか、それとも無能だからか？

「よい会社」とは何か

ここに、二十年以上前に出された、日経ビジネス編の『良い会社』（新潮文庫）という本がある。〝日本財界新聞〟とも揶揄される『日本経済新聞』の関連雑誌である『日経ビジネス』が出したものだけに、皮肉な意味で日本の会社の現実をよく知っている。

この『良い会社』には、まず、「良い会社度を測る十項目」が掲示されている。これが嗤えるのである。

・専門能力

　プロとして通用する能力が開発できる

・評価内容の公開

社内での自分の実績がわかる

・サービス残業
時間外労働には対価が支払われる

・自発性尊重
社員の希望をかなえ、納得ずくで仕事をさせる

・休日
大切な休みを社用でつぶさない

・社会活動
市民として積極的な参加を奨励する

・雇用契約
社員を人間として尊重する

・意思疎通
自由闊達な社内コミュニケーション

・企業目的
どんな会社をめざすのかが明確

・上下関係

上司への全人格的従属をせずに済む

これを読んで、読者は唖然としないだろうか。

最初に「時間外労働には対価が支払われる」。さすがに『日経ビジネス』は日本の会社を熟知している。残業代を払う会社は「当たり前の会社」ではなく、二階級特進をして「よい会社」になってしまうのである。次に「大切な休みを社用でつぶさない」。いまは違う、それは二十年以上前の話だと胸を張って言える会社がどれだけあるか。

語るに落ちたのが、「社員を人間として尊重する」だろう。

これらの項目がふつうに実践されていたら、内部告発の必要性もないし、過労死なども起こるわけがない。「上司への全人格的従属」があり、「社員を人間として尊重」しないから、これらが起こっていることを多くの人たちはわかっていないのである。

会社てふ寒き胃袋のなかに栖む　　草間時彦

ある会社に俳人として句集を出している社員がいた。

優れた俳句を詠む社員がいるということで、その人が上役から言われて句会を開くことになった。そこに部長や役員も顔を出してそれぞれ一句をひねる。そして、いざ俳句を批評し合う段になると、当の俳人は上役の句に対してここはよいと褒めることはできても、ここは悪いと批評することはできない。上役の方がまるっきりの素人なのに、専門家の部下の俳句について偉そうに批評する。間もなくその句会はなくなったそうだが、こういう珍妙な風景は日本では一般的なのである。

太平洋興発の副社長で、やはり俳人だった「曹人」こと古舘六郎は、「企業は生まれながらの純粋な人間に、十二単のようにやたらに衣を着せたがる。やれ教育だ、やれ訓練だ、当社のカラーだ、しきたりだと、入社後数年を経ないうちにサラリーマンという鋳型にはめた人材をつくってしまう。管理者は仮面の中に人間を失い、トップは大きな机と華麗な装飾の中で虚像と化す」

と、あるエッセイで書いている。

こうした「サラリーマンの貌」「管理者の仮面」を剝ぐことは容易ではない。

流れ行く大根の葉の早さかな

この虚子の句について古舘は新入社員に訓示でこう言った。

「君たちがこの会社を去るときには、現在の会社とはまったく違っているだろう。極端にいえば、こうした会社はなくなり、会社の機能自体が変わっているかもしれない。だから、どこへ行っても同じことなので、変化に対応する力を身につけなければいけない」

会社のなかにいろいろな句会がつくられることがあるが、ホワイトカラーの場合は、たいてい前述のように永続きしないという。会社での序列とは無関係に、部長の句よりヒラ社員の句がよかったり、課長の句より係長の句が高点を得たりすることに、平気でいられない人たちが多すぎるのである。工場など「現場」の句会が意外に続くのは、それほど序列の差がないからだとか。先ほどの古舘はいつか、

「おべっかを使うヤツがいるから、会社のなかで句会をやろうとは思わない」

と言っていた。

テレビCMをやたら打つ企業は要注意

人気企業ランキングとは真逆といっていい、「ブラック企業大賞」なるものが二〇一二年からはじまった。主催している実行委員会では、ブラック企業をこう定義している。

「①労働法やその他の法令に抵触し、またはその可能性があるグレーゾーンな条件での労働を、意図的・恣意的に従業員に強いている企業、②パワーハラスメントなどの暴力的強制を常套手段として従業員に強いる体質をもつ企業や法人（学校法人、社会福祉法人、官公

庁や公営企業、医療機関なども含む)」

最近、大賞をとったりノミネートされたのは、セブン‐イレブン・ジャパン、引越社関東、ヤマダ電機、たかの友梨、ワタミ、JR西日本、すき家のゼンショーホールディングスなどである。これらに共通して言えるのは皆、テレビCMをやたらと打つ企業であるということだろう。

テレビCMをやたらと打つ企業は、まず要注意と言いたい。

「CMを打てるくらいしっかりした企業」「テレビでお馴染みの会社はよい会社」というイメージをもってしまいがちだが、そうではなく、テレビCMを流して企業のイメージアップを図らねばならない、それほどブラックな会社であるということに気づかなければならない。実情をごまかすためにCMを打つのである。「そうだ 京都、行こう。」といった旅キャンペーンCMをずっと流し続けるJRも例外ではない。

芸能人を多用したその爽やかでオシャレな広告とは裏腹に、ユニクロの会長の柳井正は、業績さえあげていればいいというシビアな経営方針である。

就職情報誌などでよい会社かどうかアンケートをとるとき、大方は、「ユニクロはよい会社かどうか?」といった形で質問立てをするが、それでは、きちんとした評価などできるはずもない。ユニクロというのはただ単に柳井にとってのよい会社なのであって、従業員にとっては悪い会社なのである。その差異を無視した上でよい会社かどうかを判断するから、おかしな評価となってしまうわけである。柳井は、スポンサーとなっているテニスの錦織圭選手の活躍で、ユニクロのブランド力がまた上がったと調子に乗っているようだが、会社の業績がアップしていることと、社員に報いているかどうかは、まったく別の問題である。

現在、ブラック企業といわれるような会社は、かつての「よい会社」の条件十項目以下である。残業代を出さないどころか、働き続けたくても、居られないようにするなど、むしろ二十数年前より後退している。それに拍車をかけているのが、ユニクロの急成長、そして、規制緩和による派遣の大流行であるといえるだろう。

「悪貨は良貨を駆逐する」。ブラック企業や派遣雇用は、労働基準法などのルールを守らなくていい、とにかく業績さえ上げればそれでいいという流れをつくってしまった。労働条件の改善を求めた従業員に対して、「労働基準法に従えば（会社は）成り立たない」「つぶれるよ、うち。それで困らない？」などと問い詰めた、たかの友梨ビューティクリニックなどはその典型だ。

社員にとってもよい会社であり、かつトップにとってもよいという企業がなくなってきている。

かつての日本では、クビ切りというのは、経営者にとっては恥ずべきことであった。それがいまは「クビ切り」が「リストラ」という言葉に代わり、リストラするのは優れた経営者として評価される。これには、日産のカルロス・ゴーン（CEO）の罪も見逃せない。

消費者運動が活発なころ、少し値段が高くとも、社会にとってはよい会社の商品を買いましょうという志向が社会にあった。その企業が社会的責任を果たしているか、公害を発生させていないか、あるいは女性を役職に登用しているかなどを総合的に見て評価しようとする。会社が社会に対して何をやっているかを見きわめようという姿勢があった。

ところが、いまは消費者も、「安ければすべてよし」という考えが主流となってしまった。消費者の方もそんな発想であるから、ユニクロのような会社がはびこるのである。

教訓を垂れるトップと離職率

悪い会社を見きわめる次のポイントは、トップが教訓を垂れるかどうかである。あるいは説教好きといってもいい。

悪い企業というのは従業員を安い賃金に甘んじさせることが多いわけだが、それに対して不満をもたせないために、今度は教訓を垂れるのである。

ＪＲ東海の取締役名誉会長の葛西敬之ともう一人、安倍首相のブレーンとして挙げられる人物に、富士フイルム会長の古森重隆がいる。古森もまた、前にNHK経営委員会の委員長を務め、委員には労働破壊を招く新自由主義者を礼賛する作家の幸田真音《まいん》を迎えた。古森はその自らの教訓を「魂の経営」などと名づけているが、その最たるは、京セラの稲盛和夫やパナソニックの松下幸之助だろう。

稲盛和夫や松下幸之助については第二章で述べたが、教訓を垂れる稲盛教のような会社は非常識な会社であり、盛和塾に入っているような者が経営する企業は危ういということに留意してほしい。

稲盛は「平成の松下幸之助」と呼ばれて喜んでいるようだが、教訓を聞くために会社に勤めるわけではない。

見きわめの三つ目のポイントは、企業の離職率を見ることである。新聞の折り込みで入ってくる求人広告にいつも出している会社は、すぐに人がやめるような職場だから気をつけた方がいいとは、昔からよくいわれた。

「新卒で採用しても二〜三年ですぐにやめられてしまう」といった雇用側の嘆きもよく聞かれる。その比率は女性より男性の方が高いようだ。しかし、それが正常ではないかとも思う。ユニクロに就職して長年勤まる方が、むしろおかしいわけで、そんな職場は自分が壊れる前にやめた方が賢明である。

たとえばユニクロの離職率は四七％（二〇一〇年入社組）となっている（『就職四季報・総合版二〇一五年度版』）。ユニクロは社員が逃げ出す会社といえるだろう。

学生はそのネームバリューで企業を選んでいるのかもしれないが、資生堂や花王といった化粧品メーカーは、化学薬品・物質を扱う危険な職場だと知っていて希望しているのか。三菱東京ＵＦＪ、三井住友、みずほなど金融はまだまだ安泰だと思っているのか。理系男子学生には日立製作所が一番人気というが、「みそぎ」が何かを知っているのか。就職人気企業ランキングに登場する企業は私が批判しているような会社ばかりである。まさにこれは、私の批評に真っ向から挑戦するランキングといえる。

最近の若い人に言いたいことは、いい情報はタダではないということだ。どうも、情報はタダで手に入ると思っているのが気にかかる。就職のために企業のことを知りたいとなると、その会社のホームページを見る。そんなものは自分の企業にとって不都合なことや批判的なことを書くはずがない。キレイごとしか書いてないのに、それが情報だと思っている。就職情報誌についても、これは企業広告の一種なのだから、企業のホームページと大差ない。

リクルートの江副浩正元社長にインタビューしたとき、リクルートの出す情報は、情報ではなくて広告ではないかと聞いたことがある。すると彼は、

〈離職率を公表していない主な企業〉
(『就職四季報・総合版 2015 年度版』より抜粋)

京セラ
日立製作所
トヨタ自動車
東芝
パナソニック
富士通
東日本旅客鉄道(JR東日本)
東海旅客鉄道(JR東海)
西日本旅客鉄道(JR西日本)
エイチ・アイ・エス
髙島屋
ワタミ
日本放送協会(NHK)
日本経済新聞社
電通
三菱東京UFJ銀行
三井住友銀行
野村證券
全日本空輸(ANA)
日本航空(JAL)
伊藤忠商事
丸紅
資生堂
新日鐵住金

「私たちのやっている仕事は当事者の情報を流すことだと思っています。ウチの会社はこういう会社ですということを本人が述べる。それをわれわれがメディアとして取り次ぐ、それが広告だと思う。それと、第三者の記事、情報とは違う。その違いははっきりあるけれども、しかし、両者はだんだん接近してきていて、企業が自ら語るものと第三者がその企業を語るものが非常に近くなっている」、「広告と情報の領域が非常にアイマイになってきている」

と言った。しかし、広告のような情報は情報ではない。

だから、会社のホームページに書かれていることや就職情報誌の情報だけで判断してしまってはダメなのである。多面的にリサーチして、異常に課せられたノルマはないかなど、職場の実態を知ることが必要だろう。

「最後の総会屋」が獄中から送ってきた〝遺書〟

昔、商法改正によって総会屋対策が強化され、これからは総会屋がいなくなると警察などが張りきっていたとき、私は、ハエの発生源をきれいにしないでハエを追うようなものだな、と思った。総会屋というハエは、汚職や派閥争いなどの企業の恥部から発生し、それを食って成長する。

だから、その元を断たずにハエだけを追ってもダメなのである。

企業に暗部がある限り、総会屋はいつまでもなくならず、形を変えて生き残るだろう。『サンデー毎日』から『週刊金曜日』に場所を移して連載している「政経外科」にはユニークな愛読者がいた。大下英治著『最後の総会屋』のモデル、小川薫である。小川は二〇〇九年の四月二十七日夜、東京拘置所内で亡くなったが（七一歳）、その二カ月近く前、私は小川から「葛飾区小菅一の35の一A」の住所で速達の親展を受け取った。細かい字でビッシリ書かれて便箋一三枚。八枚目以下が拒否されたとかで、二度に分けて届いた。小川によれば、夜中に獄中で書いたものらしい。

小川はまず、『サンデー毎日』〇九年一月二十五日号の「政経外科」で『藤田広島県知事は、4期16年を「カネ」で買ったのではないか？』という本を取り上げたことに触れ、広島県出身で裏の事情に詳しい小川が推察したのと「ピッタリ合致している」と共感する。

次に裁判員制度への疑問を並べ、第一勧銀（現みずほ銀行）の総会屋事件に移る。自殺した同行元会長の宮崎邦次が遺書で「佐高さんに褒められる銀行に」と願ったことは既述したが、それに関連して、小川はこう書いている。

「私は二〇年前までは〝総会屋〟として生きがいを感じて生きてきた〝人間〟です。私の弟子だった悪党の小池隆一が、私が黒羽刑務所に入所している留守中に、私が面倒をみていた第一勧銀とか野村證券で、〝呪縛野郎〟の木島力也らと何百億円かの利益供与を受けました」

もともと小川の弟子だった小池が、やはり総会屋の木島と仲良くなったのは、同じ新潟出身だったためで、その前に、あることで小川と木島がもめて、物騒な騒ぎになったとき、それを機に勝手に木島と小池が兄弟分の契りを交わしたのだという。

宮崎邦次については、「私もこの人が大好きでした」と書き、「私が尊敬していた宮崎さんを殺したのが小池だと私は思っています」と怒っている。自殺に追い込んだということだろう。

確かめようもないが、小川は「私の女だった」某まで小池が寝取ったと憤慨している。

さらに、日本経済新聞社の社長だった鶴田卓彦の女性スキャンダルについて、「私がパパラッチさせて『週刊文春』などにより暴露してやり失脚の口火にしてやった」と告白しているのである。

〇三年四月十日号の『週刊文春』に載った鶴田と愛人のツーショット写真を指すのだろう。小川は、鶴田のスキャンダルは三越のワンマン岡田茂の事件と同じだと思い、鶴田宛てに諌める手紙を送った。それに対しては、当時、常務だった島田昌幸が飛んできて、その後のヤリトリのなかで、島田は、

「いやあ、小川先生は男の中の男ですね。正義漢ですね」

と持ち上げたとか。鶴田の腹心中の腹心の島田に、小川は、

「俺はちゃんと約束を守ったのに、アイツ（島田）はよそで俺にカネを渡したと言いふらしている。俺は日経から一万円だって貰っていない。本当にイイカゲンな裏切り者だ！」

と怒っている。

鶴田を標的にしたと思われる高杉良著『乱気流』（講談社文庫）はすぐ訴えたのに、ここまで書かれて鶴田や島田は小川を訴えてはいない。その理由を聞きたいと思うが、私への親展で小川は、出所後、是非、私に会いたいとも書いていた。

遅まきながら、城山三郎の直木賞受賞作『総会屋錦城』を読んで総会屋になったという小川薫の冥福を祈りたい。

第五章　まともな経営者はどこにいるか

「和」を排した本田宗一郎

これまでダメな社長についてさんざん述べてきた。これからは私が褒めるまともな経営者のとっておきの話を挙げていこう。

私はよく、松下幸之助と本田宗一郎を比較して話をする。二人はともに戦後日本の急成長のシンボルとして並び称されるが、これほど経営観、人間観の違う人もない。

松下幸之助が企業を家業と考えたのに対して、本田宗一郎は企業は社会のものだということを最後まで貫き通した。

松下は、女婿の松下正治を後継者にし、孫の正幸が社長になるのを楽しみにしていたといわれるごとく、同族経営を志向していた。そのため、社員を一つの色に染め、「和」を強調していたのだが、本田はそれとは対照的に、むしろ「和」を排し、異論を巻き起こして社内を活性化することをめざした。

たとえば本田は、NHKの磯村尚徳との対談で、

「私はせがれをうちの会社に入れる気は毛頭ありませんでした。せがれも親父の跡はいやだよと嫌って入りたがらなかったから、ちょうどよかった。うちの会社でいっぱしになろうと思って張り切って入ってくる社員がいるのに、途中から入った社長の子どもが跡を継

いだら、その社員に気の毒ですよ」

と語っている。

本田は相棒の藤沢武夫と相談して「お互いに自分の息子を会社に入れるのはよそう」と決めていた。その延長で、取締役で入っていた弟を、身内主義や同族経営は将来に禍根を残すということで別の会社に出してもいる。

この本田が率いる本田技研で、エンジンを水冷にするか空冷にするかの大論争があった。技術屋で創業社長の本田宗一郎は、

「砂漠でエンストしたとき、水なんかあるか」

と言って空冷を主張した。

しかし、「それでは公害のないエンジンは開発できない」と、公害規制をクリアする面からも水冷でなければならないと考えたのが、当時の若手技術者で、課長だった久米是志《ただし》やその下にいた川本信彦である。

血の気が多い本田は、手が早くて、よく久米や川本の両者をスパナでぶん殴ったなどと言われていた。それほどのワンマンだから、もちろん本田も自説を曲げない。わからず屋のオヤジ（本田宗一郎）に頭にきた久米は辞表を出して四国巡礼に出かけたという話もある。

本田はこの一件で、「自分には技術がわからなくなったのかもしれない」と思い、退任する。本田は会長にもならずにスパッと退いて、以後、出社しなかった。本当は会社には出たくてしょうがないけれども、出社すれば自分が口を出してしまう。東京の八重洲ブックセンターの近くに小さな事務所を構えて、そこで絵を描いた。

空冷か水冷かの大論争は、副社長の藤沢武夫が間に立ってまとめ、結局、エンジンは水冷にすることになった。このとき、空冷にしていたら、いまの本田技研はなかっただろうともいわれる。

それほどの大きな分岐点だったのだが、その後、このワンマンとケンカした久米、川本の両者が相次いで社長になるのである。

河島喜好から久米へ社長がバトンタッチされるとき、創業者の本田は、社員に向かって、こう演説した。

「ホンダの社長は代々くだらんやつばっかりだから、あんた方がしっかりしなきゃどうしようもない。オレもくだらなければ、オレが後継者に選んだ河島もくだらなかった。くだらない河島だから、くだらない久米しか社長に選べなかった。したがって、みんなにしっかりやってもらわなきゃ困る。ホンダは社長が偉くて引っ張るんじゃなくて、みんなが引っ張っていくのだから、ひとつよろしく頼む」

このときも「いいぞーッ」といった野次がとび、退任する河島は、「おニイちゃん、ご苦労さん。こっちに来いよ」

といわれて壇上から降ろされ、従業員の手でワッショイワッショイと胴上げされたという。本田はオヤジ、藤沢はオジキ、河島はオニイさんとみんなから呼ばれていたが、ホンダのような開放的雰囲気は、一朝一夕には生まれない。

「会社を一つの考え方でまとめてはいけない」という本田宗一郎の持論は、自らをも否定するような若手の〝反乱〟によって実践されたのだった。

松下グループの変わり種

これに対し、松下電器でも、ほぼ同じころにコンピュータへの進出をめぐって議論があった。しかし、「経営の神様」の幸之助が、コンピュータは先行投資にカネばかり食う「カネ食い虫だから、やめや」と言ったために進出しないことになった。

「神様」の〝ご託宣〟はその後の松下電器を長く縛り、松下はコンピュータへの進出がずっと遅れることになる。

しかし、幸之助の威光に逆らってコンピュータを推進したトップがいた。子会社の松下電工（現パナソニック）の会長だった三好俊夫である。

私はこれまで、かなり厳しく松下イズムを批判してきた。だから、松下グループの企業からは毛嫌いされてきたのだが、三好はたしか、関西経営者協会会長時代にそれを承知で、私を講師に招いた。

もちろん、私は、「企業を一つの色で染めてはいけない」と力説した本田宗一郎と比較して松下幸之助を批判したのだが、三好は講演のあとで、

「少し違うんだけどな」

と言いながらも私の話を咎《とが》めはしなかった。

こうした経営者は本当に少ない。日本信販の創業者だった山田光成とか、三井倉庫の社長だった南須原静也など、私が会った中で、五人に満たない。

それだけに三好の印象は強烈だった。ウーン、松下グループの中にこういうトップがいるのか、と私は唸る思いだった。

三好は松山経済専門学校（現松山大学）教授から松下電工に入った変わり種である。

日本経済新聞編集委員の末村篤によれば、「松下電工を一兆円企業に育てた功労者の一人」で、「コンピュータ嫌いで有名な松下幸之助氏に内証で、日本初の本格的オンライン受発注システムの導入プロジェクトを指揮。資本効率重視の経営に開眼すると、EVA（経済的付加価値）の松下電工版となる経営指標の開発を指示した」（二〇〇〇年八月三十日

付『日本経済新聞』）という。また、失業率の上昇を心配し、私費を投じて、経営者協会内に求人求職情報システムをつくるなどしていた。

松下幸之助のツルの一声におびえて松下グループはコンピュータに乗り遅れた。幸之助の威光に逆らってまで三好がそれを進めていなければ、松下は決定的に立ち遅れるところだったのである。

本田宗一郎のもう一つの特徴は、役所とのケンカを辞さなかったことである。佐橋滋（城山三郎著『官僚たちの夏』のモデル）が通産次官を務めていたとき、特定産業振興法を制定して自動車産業の集約を図ろうとしたことがあった。当時、四輪車に進出していなかったホンダに対して四輪車進出ならずというようなことを言ってくる。それに対して本田は真っ向から挑戦する。日本の企業は役所に弱く、役人や政治家にゴマをすって裏から手を回す、それが企業の伸びる秘訣だと考えている人が多いなかで、本田は通産省（現経済産業省）と大ゲンカしている。

城山三郎と「男の気概」について対談したことがある。それは『人間を読む旅』（岩波書店）に収められているが、そこで私が「渋沢栄一と本田宗一郎は会わせたかったですね」と問いかけると、城山はうなずきながら、

「財界人の集まりでの渋沢さんのスピーチで、官僚が偉いというけれども、官僚はだれで

もできる。しかし実業家というのはだれでもできるわけではない。実業家の力が国力をきめていくのだから、実業家はもっと誇りをもっていいし、そういうふうに世の中をもっていくべきだ。そう努力するのが男子の本懐であると明言しているんです」

と言っている。

経団連を嫌った井深大

ソニーの創業者、井深大には、親しかった本田宗一郎が亡くなったことについての無念を聞くためにインタビューに行ったことがある。

いま、本田さんはどんな顔をしているか、という私の問いに、井深は、

「ん……、悲憤慷慨、大声で叫んでいる姿が目に浮かびます、いまの世の中どうなっているんだといってね」

と答えてくれた。

しかし、今度は井深がそう叫んでいるのではないか。

二〇一四年四月には武器輸出を原則禁止した「武器輸出三原則」が閣議決定により「防衛装備移転三原則」と名を変え、武器輸出ができるようになり、二〇一五年八月には集団的自衛権行使を容認する安保法制が成立した。この動きが表に出たのは遡ること民主党の

菅直人政権からはじまっていた。

民間告発サイトの「ウィキリークス」が公表したところによると、〇九年九月十七日付でアメリカの国務省がミサイル防衛関係各国のアメリカ大使館に公電を発し、将来的にミサイル防衛の地球規模のネットワークを構築するために「日本政府が戦略的な決断ができるよう協力していきたい」と言ってきたというのである。これを受けてか、翌月にアメリカのゲーツ国防長官が北澤俊美防衛大臣（当時）と会談し、日本が武器輸出三原則を見直し、新型ミサイルを欧州などに輸出できるよう求めたとされている。

情けないのは、アメリカに押されたという背景もさることながら、これ幸いと安易な商売をはじめようとする経営者たちである。

井深は、このときの来るのを予想していたかのように、こう言っていた。

「経団連（現日本経団連）では、つい最近まで、軍備をやらなければ日本の工業はついていけないということを堂々と言っていた。私は逆で、アメリカのエレクトロニクスは、軍備によってスポイルされるということを、二十年余り前から言いつづけてきたんです」

アメリカのエレクトロニクス産業がダメになったのは軍需と一体になったからであり、戦争というのはダメなんだという考え方を直言する経営者だった。

軍産複合体で楽して企業努力なしの経済になった場合には、経済自体の構造が歪むに決まっている。つまり、会社は儲かるけれども、人の生活は貧しくなる社会が待っているということだ。

財界の団体としては革新的な理念を掲げる経済同友会に親近感をもち、経団連には批判的だった井深はこんな皮肉も言っていた。

「私は経団連には行かないんです。経団連というのは話し合いの場で、どうやって競争しないかを決める団体ですからね」

井深はたぶん、「話し合いの場」ではなく、「談合の場」と言いたかったのだろう。

日本の財界では経済同友会、日本経団連、日本商工会議所というのがある。経済同友会というのは戦後すぐ若手の経営者が個人加盟を原則として集まり、いわば修正資本主義的な考え方をとる財界団体で、東京電力の木川田一隆がこの代表幹事を長く務めていた。日本経団連というのは財界の総本山だが、井深は経団連には行かなかった。だから、財界の主流に背を向けていた人なのである。井深と親しかった本田宗一郎はほとんど財界活動をしなかった。経団連は旧財閥系の大会社を中心に集まった日本財界の寄り合いだから、そこでは、松下幸之助やダイエーの中内㓛などは皆、小僧っ子扱いをされる。それでも中内はそこで何かを得ようとするのだけれども、はじめからこんなものは何の役にも立たないというのが井深や本田のスタンスだった。

いわゆる証券スキャンダルで、経団連加盟の大企業が軒並み損失補塡という反則行為を行っていた際、それを受けなかった数少ない企業としてソニーとホンダがあった。

それについて尋ねたら、「モノをこさえるのが実業で、それ以外は虚業かサービスですよ。銀行も証券も元来は実業をやるための補助機関でしょう」と井深は言った。

「モノをこさえられないで財テクに走るということもそうですが、土地のようにカタチは変わらないのにバリューだけがどんどん変わるというのも異常でした」

バブル経済についてはこう振り返っていたが、人殺しのための武器を輸出して儲けるというのは、もちろん実業ではなく、虚業というよりも悪業というべきではないか。

「ソニーとホンダは日本の救いだ」と、あるとき清水一行はつぶやいた。世界が驚嘆する日本の会社はこの二つくらいである。

後継者というのはつくり育てるものだから、トップが育てないと思ったらもう出てこない。井深という人の個人的色彩や精神は受け継がれず、いまのソニーはふつうの会社になってしまった。

バブルに踊らなかった銀行頭取、武井正直

一九九八年一月、講演で札幌に行った折、ある人を介して、北洋銀行頭取の武井正直か

ら「会いたい」と言われたときには本当に驚いた。

バブルの最中から、私は「銀行のヤクザ化とヤクザの銀行化」を激しく糾弾し、とりわけ銀行の経営者(および大蔵官僚)の無知、無能、無責任を追及してきたからである。銀行の頭取にインタビューを申し込んでもすべて逃げられる始末で、向こうから「会いたい」と言ってくるトップがいるとは思いもよらなかった。

「おまえたちはバブルに乗っかって犯罪的な融資をした」とか、「頭取たちは個人の責任として私財を提供しろ」という話を講演でしたら、『読売新聞』だったと思うが、その北海道版に、「佐高氏　頭取たちに死罪を適用せよと主張」と書かれた。「私財を提供せよ」と言ったのが、「死罪を適用せよ」と間違われたわけである。

また、恥ずかしながら不勉強で、武井頭取がどういう経営をしていたのか、そのときは知らなかった。

間に立った人によれば、バブルに踊る融資をやらなかった人だという。その程度の知識しかなくて、北洋銀行本店を訪ねた。あとで聞くと、同行の幹部たちは心配して、すぐに二人が衝突するのではないかとハラハラしていたらしい。

武井は開口一番、私に、

「佐高さんは魯迅が好きなんですよねぇ」

この言葉に私は腰を抜かすほど驚いた。私が批判してやまない日本の銀行の頭取の口から魯迅の名が出ようとは思いもしなかったからである。

「私も好きなんですよ」

こちらの驚きにはかまわず、武井が続けて、しばらく魯迅談義になった。

『阿Q正伝』や『狂人日記』で知られる魯迅は厳しく、人間の奴隷精神を排した作家である。私が日本のサラリーマンの奴隷根性を批判するのも魯迅の影響が大きい。ちなみに〝社畜〟というコトバは、中堅スーパーのサミット元社長、荒井伸也（作家としての筆名は安土敏）の造語で、私はそれを広めたにすぎない。

また、旧満州で終戦を迎えた武井は、

「バカな大将、敵より怖いということを実感した」

とも言っていた。

武井と話していて、際立って、流れに抗する独立精神が強いことがわかった。しかし、それは決して安易に発揮できるものではない。あのバブルの最中にそれに流されない経営をすることがどんなに大変だったたか。

それでも武井はそれを貫いた。当時、大蔵省（現財務省）からは何度も、もっと貸し出しを増やせ、と言われ、行内からも「武井は慎重すぎて儲け損なっている」と非難されたという。たぶん、そのころは、拓銀の頭取たちが「積極経営」の推進者として称賛されていたのだろう。

しかし、武井は、のちに後継頭取となる高向巌《たかむきいわお》に対して、

「最近の首都圏の地価の騰貴はどこかおかしい。都銀がこれによって手品や錬金術をやって、大いにもうけているが、これはけしからん話だ。こんなバカな時代がどこまでも続くはずがない」

と頑としてそれをハネつけ、堅実経営を続けた。

北海道に床屋から事業を発展させたテルメグループというのがある。それを北洋銀行の武井がまだ事業の駆け出しのころから銀行として面倒を見ていた。それがバブルで急に大きくなって、さらに拡大したいと言って、武井のところに「もっと金を貸してくれ」と融資を頼んでくる。しかし、「身丈に合った経営をしないといけない」と武井はそれを断る。

すると、テルメグループ代表の中村揚一は、「それでは結構です」と言って、いわば後ろ足で砂をかけるようにしてメインバンクを北洋銀行から北海道拓殖銀行へと乗り換える。北海道拓殖銀行はそのグループに湯水のように金を貸した。その後、バブルが崩壊すると、テルメグループも倒産する。

結局、バブルの放漫経営がたたって北海道拓殖銀行は破綻し、それに伴ってテルメグル

ープの中村揚一も逮捕され、拓銀ともども破局への道を突っ走った。

北洋銀行というのは当時、北海道ではスケール第三位の銀行だった。北海道といえば、都市銀行の北海道拓殖銀行、次の北海道銀行に続く銀行だった。

「人生の決断としては、終戦のとき、中国で馬賊になるかと真剣に考えたときの方が厳しかった。今回は命までとられるわけではなかったしね。本当の闘いは、拓銀債権を引き継いでからはじまりました」

北海道拓殖銀行が破綻してそれを引き受けるとき、武井はこう述懐している。拓銀の不良債権をどうするかについて、責任を免れようとする不良企業の不良経営者が不良政治家に頼み、武井にさまざまな圧力をかけたからである。

時流に乗って改革者面をする竹中平蔵や大蔵官僚の言うことを聞かず、武井が堅実すぎるほど堅実な融資を貫いたがゆえに、北海道三位の北洋銀行が一位の拓銀を引き受けるという奇跡的なことをやってのけられたのである。

つまり、もし拓銀の引き受け手がいなければ、破綻はさらに広がることは目に見えていたから、大蔵省や日銀は助かった。北洋銀行にしても、それを引き受けたら潰れる可能性もあった。

武井正直という人がいなかったら、拓銀が潰れて北海道経済は壊滅的な局面になっていただろう。

これがどれだけ奇跡的なことか、なかなか皆、わからない。

バブルの最中に、城山三郎、内橋克人や私はそれを批判したが、ほとんどの学者、エコノミスト、評論家から、内橋や佐高は経済を知らない、経済にバブルはつきものだ、などと言われたものである。竹中平蔵や大蔵官僚はじめ、長谷川慶太郎、堺屋太一、海江田万里らは、散々、バブルを煽ったくせに、「あの時代に誰もバブルの崩壊を見通した人はいなかった」などと懸命に言い逃れをしたけれども、武井という実際に見通した人物がいたことはきちっと記憶しておくべきだろう。

「企業は〝混一色〟でなければ」

バブル当時、私への講演依頼者からじかに、海江田万里が講演料を「一五〇万、要求した」と聞いたこともあって、『噂の真相』で海江田を批判するとき、アグネス・チャンの二〇〇万には及ばないが、「おまえのことはこれからアグネス万里と呼ぶことにする」と書いた。そうしたら、海江田が「いじめられた」と誰かのところに泣き込んだという一件があった。それくらいバブルを煽るなかで荒稼ぎしていたのである。私は、よく講演で、武井のような目のある経営者は長谷川慶太郎や竹中平蔵などは相手にしなかったと言っている。

「本店はそのままですよ」

武井からそう聞いたときも、私はうなった。

北海道拓殖銀行を引き受けても、そのまま北洋銀行の本店を本店としたのである。ある種、人材は北海道では皆、拓銀に流れる。北洋銀行の社員も「拓銀の人はエリートさん」というコンプレックスをもっていた。本店の規模も頭取の椅子も拓銀の方が立派である。しかし、銀行の敷居を高めるのはよくないとして武井はそれをしなかった。もちろん、拓銀を併合しても、できるだけ人のクビを切らなかった。これも優れた経営者の共通項といえる。

武井が会長を退任するにあたって、記念誌をつくる話が持ち上がった。『武井会長と私』と題された記念誌もそれほど立派なものではない。武井はその作成については断らなかったけれども、とにかく質素にと言い、こう念を押した。

「大袈裟なのは困る。寄稿いただく人も範囲をひろげないでほしい。思い出話みたいなものがいい。華美な装丁は駄目だ。そのようなものは絶対に断る。印刷もガリ版でいい……」

勲章も固辞した武井らしいなと思った。武井ファンを広言していた私などに声がかからなかったのも「範囲をひろげないで」と武井さんが釘を刺したからだろう。

そして武井は「善行ハ轍迹《てつせき》ナシ、だよ」と老子の言葉をつけ加えたとか。

これは「よい歩き方は足跡を残さない。人生もいたずらに功績を残そうとあせらず、そっと去っていくがよい」という意味だそうである。

「東京で専用車もなく運転手もいない数少ない地銀頭取」だったことも、「北洋銀行は役員の関わりのある融資というものがない、健全な銀行である」と懇々と言われたことが忘れられないと書いている行員がいることも、この冊子ではじめて知った。

自信のないトップが一色に染めたがるなかにあって、

「企業の集団というものは〝清一色《チンイーソー》〟ではだめだ。〝混一色《ホンイーソー》〟でなければならない」

という言葉も残している。

いまの経営者が武井に学ぶことは限りなく多い。

小倉昌男と運輸省のケンカ

「クロネコヤマトの宅急便」の創業者、小倉昌男は宅急便事業をするにあたり、この官僚国家の日本において役人と真っ向からケンカして潰されなかった点で本田宗一郎の精神を受け継いでいる。

小倉昌男は、
「安さと、速さと、自宅まで取りに行くサービスの差別化が急成長の秘密」
と語るが、それでは、この宅急便が社内でも直ちに認められたのかというと、そうではなかった。

大和運輸（現ヤマト運輸）は一九一九年、先代社長の小倉康臣が、フォード製の一トントラック三台と、デンビー社製の二トントラック一台の計四台を使って始めた会社である。康臣の次男として生まれ、東京高校から東大経済学部に学んで、四七年、卒業と同時に同社に入った昌男は、六五年に専務となり、宅急便の事業化を提案した。

それは次のように思ったからだった。

「貨物には、商取引に基づく商業貨物と、冠婚葬祭や引っ越しなど個人の生活に伴って起こる非商業貨物があるわけですが、運輸業界は、高度成長期に人手不足と人件費上昇が深刻化して、手間のかかる小口貨物輸送から大口貨物輸送に重点を移してしまった。しかし、私は路線トラックというのは、近距離小口貨物をないがしろにしてはいけないと思ってたんです。遠距離貨物は国鉄でもやれるけど、近距離小口はそうはいかない。個人的にも、親戚に子どものいらなくなった本など小さな荷物を送る方法がない、という経験をして、これはやはり何とかしなければいけない。トラックがやらなかったら誰がやるんだ、と思った」

それと、小倉は人々の不満もつかんでいた。

当時、小荷物を送りたいと思うと、「チッキ便」といって国鉄（現ＪＲ）を利用するほかなかった。たとえば東京の大学に入って下宿するというと、布団や何かを送る必要があるが、それは東京行きの切符付属の手荷物扱いで送ることになる。だから、わざわざ最寄り駅まで柳行李に入れて担いで行ったり、到着の東京駅でそれを受け取って、下宿先まで運ばなければならなかった。小荷物を送るのが非常に面倒だったのである。

しかし、その面倒さよりもうんざりさせられたのが国鉄駅員の態度の悪さだった。国鉄はほとんど役所と同じで、「荷札のつけ方が悪いから送れない」とか、荷造りのひもが緩いと「すぐ荷崩れするから、やり直せ」と平気で言った。その時代を知る人は皆、「ひどい目に遭った」「この野郎」と思うような体験をしているのである。

中堅運送会社の二代目というと、日立なり、東芝なり、有名企業との取引を拡大して業績を伸ばすやり方がとられがちだが、小倉はそれではあまりに夢がないと思ったのだろう。

東大出のインテリながら、ヒヨワな二代目には見られない力強さを小倉はもっていた。

小倉は、米国の運輸業を研究し、ユナイテッド・パーセル・サービス（ＵＰＳ）という会社が郵便局と張り合って、小荷物分野では郵便局より大きい仕事をやっていることをつかんだ。そして、日本でも成功するだろうと思って提案したのだが……。

七三年ごろ、当時専務だった小倉は、宅急便の事業化を提案した。説得の材料には三つあった。

第一は、いままでの運送業というのは好不況の波に左右される。つまり、日立や東芝の景気がよければ、自分たちも荷物が多くなって景気がいいが、景気が悪くなれば、自分たちも悪くなるというもの。

第二は、大きな家電製品を運ぶ場合には、車も大きくなる。ところが、生活の中の宅急便というのは小口だから車も小さくて済むというもの。ガソリンの問題にも関係してくる。

第三は、企業相手では当然、値切りが生じる。荷物が大量であれば、日立や東芝は値切ってくる。値切らなければ、担当者として逆に失格だろう。ところが、家庭の主婦相手であれば、基本的には値切らないというもの。

この三つの点で宅急便の方が上だと小倉は主張した。

だが、「うちはゴミ拾いをやるほど落ちぶれていない」と、父親の先代社長はじめ、みんな反対だった。しかも手間ばかりかかって儲かるはずがないと言うのである。

一方で、お得意先だった三越の横暴も出てきた。

そのころ、三越には岡田茂というワンマンが君臨していたが、その岡田が取引先の企業にいろんな催し物のチケットを売りつけたり、果ては大和運輸からも駐車料をとるなどと言い出したので、小倉は怒って、三越との取引を断ったのである。

こうした御用達を失くしたこともあり、ようやく検討のための委員会をつくることだけは認めさせて、三年後の七六年二月から「クロネコヤマトの宅急便」は走り出した。

この間のねばりと先見性は、小倉が、いわゆる二代目には見られない力強さと、東大経済学部出のインテリとは思えないたくましさをもっていることを示している。

小倉と運輸省（現国土交通省）のケンカは半端ではない。たとえば宅急便の値下げをする場合、ヤマト運輸は五月初めに新聞に大きな広告を出す。

「運輸省の認可が得られれば六月一日から宅急便を値下げいたします」

ところが、運輸省は認可しなかった。そこで、六月一日の三日ほど前になって、またでかい広告を出す。

「残念ながら値下げができなくなりました。運輸省の認可が下りませんでした」

もちろん、運輸省はカンカンに怒る。

許認可等でさまざまに妨害され、

「運輸省なんかいらない」

と公言した小倉はほかにも、

「物の価格を明示しないで商売しているのは運輸業だけだ」
「官僚の怠慢が宅急便を成長させた」
「どんな山奥、寒村にもお客のニーズがあれば宅急便を走らせたい」
「自分のところの企業が必要かどうかを判定するのは役所ではなくて社会だ」
といった言葉を残している。

「お役所仕事の官業を食った男」

しかし、宅急便が必ず成功するという確信はなかった。これを成功させたのは、小倉が訴えた「社員全員経営体制」である。

宅急便は一個一個、家庭から荷物を集めてこれを配るという非常に手間のかかる仕事だけに、第一線の人間（同社ではセールスドライバーと言う）がヤル気にならなければどうにもならない。小倉はそれについてこう語る。

「日本では会社の幹部でなくとも常に仕事のことが頭を離れず、会社に対する愛着も強いんですね。しかも、第一線の人たちのレベルが高い。ですから、会社の方針をよく説明すれば必ず理解してもらえる。これが全員経営です。

要するに、経営は幹部がやってるんじゃない。第一線の人たちが支えているんだということで、私は社員フォワード論を唱えています。サッカーでは、フォワードが強くないと絶対に勝てない。花形はフォワードであって、社長一人が花形選手のような会社では仕様がない。やはり、第一線で仕事をしている人が花形でなければならないんです」

いちいちサインを出さなくても、自律的に判断して行動することが勝つチームの条件だという小倉の主張には「一将功成って万骨枯る」式の思考とは正反対のものがある。

小倉はこれをまた、「寿司屋経営」とも言い換える。

寿司屋では、職人がネタを切って握るだけでなく、カネの勘定までするが、ヤマト運輸という〝サッカーチーム〟のフォワードたち、つまり、宅急便のセールスドライバーもそうでなければならない、と小倉は言う。

第一線の現場の人間を大事にする理由を、小倉は次のようにも語る。

「第二次産業と第三次産業は違うんです。経営学や組織学の本をいろいろ読んで思うのは、これらが第二次産業のメーカーを対象にしているということですね。しかし、サービス業というのは、モノをつくる産業と違って人間の労働力、即商品ですから、製造業と違う論理がなければならない。

私のところでも、分業制度を取り入れて、運転する人、荷物を積む人、セールスする人をバラバラにして、スペシャリストをつくる方向でやったことがありますが、サービス業というのは労働する現場でサービスがつくられ、売られるものですから、何が一番大事かというと、現場で働いている人なんです。

組織がいくら合理的であっても、現場が稼いでこなくてはどうにもならない。営業第一線がフォワードで、フォワードこそが強くなくてはならないんです」

それでは「全員経営」のための労務管理や社員教育を、小倉はどうやっているのか。

小倉昌男で特筆すべきなのは、労働組合を重視したことである。社長になるまでは組合は怠け者が賃上げを要求するところだとして嫌っていた、ところが、社長になると途端に、自分のところには、会社はうまくいっているという情報しか伝わってこない。会社には必要だが自分の耳には痛い情報がパタッと入ってこなくなったことに気づく。会社をよくするために必要な情報が労働組合に集まっていることがわかった小倉は、それからオフィシャルではなくて、非公式に組合のトップと会うようになる。全員経営で最も大事なのはそのためのコミュニケーションだが、第一線の現場の人に必要な情報を伝えるのに、小倉は労働組合を使った。

小倉は、

「会議には組合の幹部にも必ず参加してもらい、会社の経営についても、できるだけ情報を流すように努めている」

「労働組合というのは企業の病気を知らせる神経だ」

とまで言うようになるのである。

現場の人間とよく話し合いながら、日常の仕事の中で経営を考え、その経営についての情報を日常的に流す小倉は「生きた経営学」を把握している。

小倉はかつて、こうも言った。

「客の利益を考えないで、自分たちだけの利益確保に一生懸命になっているのがサービス業と言えるのか」

こういう経営者もまた少ないのである。

「駅まで荷物をもってきたら運んでやるもの」から「電話一本で取りに来てもらうもの」へと小口貨物輸送の概念を完全に一八〇度転換させたのはサービス革命といえるだろう。

私は小倉昌男のことを、「お役所仕事の官業を食った男」と呼んでいる。

三澤千代治と山本幸男

ソニーもホンダも、そしてミサワホームも、「夢見る人」(ドリーマー)を実務家が支えるという形で発展してきた。

世間的に見れば大変な変わり者である井深大、本田宗一郎、三澤千代治といった技術屋と、それとコンビを組んだ盛田昭夫、藤沢武夫、山本幸男の、根底では信頼し合いながら、ときには火の出るようなケンカもする連携によって、これらの企業は急成長を遂げてきたのである。

しかし、ソニーは、ドリーマーの井深を棚上げして、実務家の盛田がワンマンになってからおかしくなり、ミサワホームは不運にも、一九八五年夏の日航機墜落事故で山本幸男が亡くなり、トヨタに乗っ取られてしまった。

それはともかく、これらのコンビによる三社の急成長は、企業のトップが夢を語ることの大切さと、異質な人間がお互いをぶつけ合ってこそ企業に活力は生まれるということを教えている。

三澤千代治に会って、遅ればせながらのお悔やみを述べると、三澤は哀しみを振り切るようにしながら、こう語った。

「僕と山本は高校時代からの友人ですが、まったく性格が違うんですね。

僕は理工系の技術屋で、山本は文科系の商売人。私は気が短くてせっかちだけど、彼は気が長い。私はだいたい、紺の服を着ていますが、あの人は茶色の服が多かった。

僕は運動が嫌いで酒も飲まない。ところが、彼は酒は飲むし、運動も大好き。僕はやせた女の子が好みだけど、彼は太った女の子がいいって言ってた（笑）。

全部違うんですよ。もう、何事も合わないですね。だから、役員会やってても、お互いにあいつは反対してるってわかってる。

仕事をしていく上では一致しているんですけど、意見がことごとく合わない。だから、自分の座標軸はよくわかります。そういう感じが逆によかったんじゃないかと思いますけどね。あんまり気が合う人よりも、合わない人の方が永くつきあえるような気がしますね」

会社の役員会などで三澤が発言すると、山本は、また三澤がバカなことを言っている。また俺が苦労するなという感じで、たいてい横を向いていた。しかし、山本がブレーキをかけてくれると思うから、三澤は安心してアクセルを踏むことができた。

いわば、〝ケンカ相手〟だった山本に象徴されるように、三澤は異質な人間を大事にする。

「それはそうですね。自分にないものをもっているんですから。それはもう、ご尊敬申し上げるほかしょうがないでしょう」

笑いにまぎらせて三澤はこう言っていたが、異質な人間を大事にし、異化作用によって活力を生むことの大切さは、何も経営トップに限らない。部でも課でも、その必要性は変わりないのである。

ナマズの活用法

不慮の事故によって途中で相棒を奪われた三澤と違って、名コンビを全うしたのが本田宗一郎と藤沢武夫である。

傍目にはまったくケンカとしか思えない壮絶な言い争いも二人はしていたというが、藤沢武夫の『経営に終わりはない』(文春文庫)を読むと、根っこには揺るぎない信頼関係があったことが、よくわかる。

トヨタ自工(トヨタ自動車の前身)の石田退三は、本田宗一郎の未来に賭ける夢を知ってはいても、カネの面倒をみるから自由にやれとは言わなかった。結局、本田を逃がしてしまったのだと藤沢は指摘し、次のように語っている。

「浜松の人はみんな彼を逃してしまったのですよ。技術者として有名であり、人間としてもすばらしい男なのに、だれもあの人をつかまえなかった。ということは、あの人に心底惚れる人がいなかったということでしょう」

ただ一人、藤沢だけが本田に「心底惚れ」た。「大きな夢を持っている人の、その夢を実現する橋がつくれればいい。いまは儲からなくても、とにかく橋がつくれればいい」と考えていた藤沢だけが本田に賭けたのである。

「私のほうが欠点は少ないでしょう。だが、そのぶん魅力がない。だから、社長業は落第です。私は若いときから、自分の精一杯の知恵を出してみたいと思っていました。だれかの鞄持ちをして、なんとかその無名の人の持っている才能をフルに生かしてあげたい、というのが夢だったんです」

「工場がふえるたびに常務の数がふえたりして、忙しそうにハンコを捺《お》したりしているのですが、そんなことはだれだってできる。では、重役とは一体なんだろうかといえば、未知への探求をする役です。重役が未知への探求をしないで、後始末ばかりしている掃除屋であってはならない」

藤沢はこうも語っている。

ホンダもミサワも急成長会社ということもあって中途採用に力を入れているが、三澤千代治はそれについて、ナマズの話をした。いささかグロテスクな、あのナマズである。

ノルウェーにイワシをとって船の生簀に入れて港へもってくる漁があるという。生きのいいイワシをもってくると高く売れるから、何とかみんな生かしてもってこようとするのだが、たいてい死んでしまう。

ところが、なかに一隻だけ、必ずイワシを生かしてもって帰る船があった。

しかし、その船の船長は秘密にして中を見せてくれないので、どういう仕掛けになっているのかわからない。そのうち、その船長が亡くなったので調べてみたら、生簀のなかにナマズが入っていた。

　どこまで本当かわからないこんな話をしながら、三澤は、

「ナマズが入っていると、見たことないやつがいるっていうんで、イワシが緊張する。エライコッチャということで右往左往するわけね。それで、生きて港までくる。ナマズのほうもそうじゃないですか。塩水のなかに入れると苦しいから、バタバタ動くんでしょう」

　と語り、やわらかな笑顔で、

「人間の組織も同じで、誰か騒ぐ人がいて緊張していると生き生きしてくるんですね」

　と、付け加えた。

　それでミサワは先年、トヨタや松下から、常務や専務クラスの〝大ナマズ〟を数匹(!?)入れた。

「それで、みんな感電して、しびれているんじゃないかな」

　と三澤は笑った。もちろん、大ナマズだけでなく、中ナマズ、小ナマズも入れた。

　こうした「ナマズ活用法」は「異化作用」の見事な応用だろう。

　異化作用は先入観をもっていてはできない。

　ミサワにまつわる魚の話で、もう一つ、カマスの例を挙げよう。

野村證券の幹部社員にとって、アレ以後、カマスは忘れられない魚となった。小料理屋などで、これが出てきても、思わず顔をしかめたくなるのである。アレとは——。

何年か前の幹部研修で、夜遅くまで勉強させられ、さらに、「朝までにこれを読んでおけ」と三冊の本が渡された。そのなかに、内橋克人の『匠の時代』第五巻（講談社文庫）があった。ミサワホームの「木と家と人」物語の章がある。

そして、出された問題が「カマスについて書け」。

そのミサワホームの物語には、カマスの悲喜劇が書いてある。

カマスを一匹水槽に入れ、餌として小魚をやると、カマスはパクパクそれを食べる。その真ん中に一枚のガラス板を立てると、カマスはガラスの向こう側の小魚を食べようとして、ガラスにコツンと鼻面をぶつける。それを何回か繰り返すと、そのカマスは諦めてしまい、スーッとガラス板をはずして目の前を小魚が泳いでも、食べようとしなくなるのである。

そこで、もう一匹、別のカマスを入れると、そのカマスはパクパク小魚を食べる。それを見て、前のカマスもまた食べるようになる。「あ、食べられるんだ」と思い出すのだとか。

この「カマスの悲喜劇」について書くことのできた野村證券の幹部社員はいなかった。

その話は内橋の本のなかに出てくるのだが、三冊の本を読まなければならないし、誰もそんなことが大事なところだとは思わないから、「カマスについて書け」と言われても書けなかった。だからいまも、恨めしそうにカマスを見なければならないわけである。

「三澤社長のおかげでヒドイ目にあった」

と三澤は野村の幹部社員の何人かから言われたという。つまり、先入観をもつことの怖さというのを言っているのだろうが、とにかく三澤の話は面白い。

三澤の「社長＝クズ箱」論

社長論もまたユニークである。

あるとき三澤と会って、いきなり、

「社長の仕事は、社員にいかに頼りないかと思われることですよ」

と切り出されてビックリしたことがあった。

こちらが、

「エッ？」

というような顔をしていると、ニヤリと独特の笑顔をして、こう解説をしてくれた。

「経営者も、昔といまとでは違うと思うんです。昔は、大卒が一部で高卒、中卒が多かったから、上の者が下の者にハッパをかけてやってもうまくいった。ところが、今は大卒の人間が増えて、若い人の方がむしろ優秀なわけです。その人たちにがんばってもらえば会社はうまくいくし、逆に上がガンガン言っても下が動かなければダメになる。とすると、経営者の役目は、みんなが参画してもらえるような場をつくることでしょう。だから、社長は頼りない、自信のなさそうな顔をしていた方がいいんです。それを見て若い社員たちは、おれたちがしっかりしなければとがんばってくれる」

三澤はあるとき、若い社員と一緒にヨーロッパへ仕事に行った。成田をたって現地へ着くまでは意気揚々、その社員に〝カバン持ち〟をさせているような気分だったが、いざ向こうへ着いて、英語やフランス語を使って仕事をしたり、あるいは夜のパーティーでダンスをしたりしているうちに〝立場〟がだんだん逆転してきた。

若い社員は語学に強いし、外国人にも物おじせずに堂々とつきあう。三澤はなかなかスムーズにはそれができないので、

「社長、どうしたんですか」

などと言われて、萎縮してきたのだという。成田に着くころはこちらが小さくなっていた、と三澤は屈託なく話す。

こうした三澤はまた、ユニークな「社長＝クズ箱」論を展開する。

会社で社員はいろいろ担当をもっていて仕事をするけれども、必ず誰もやらない担当外の仕事が残る。

三澤によれば、それが社長の仕事であり、たとえば、売り上げを一〇〇〇億円にしようといってスタートしたけれども、九五〇億しかない場合、あとの五〇億をやるとか、社員がさまざまに抱いている不満を聞くとか、あるいは、お客からクレームがついたときに謝って、それを今後の商品開発に生かすとか、そうした「いやな役割」が社長の仕事だという。

「だから、ぼくは経営者というのはクズ箱みたいなものだと言っているんです。クズ箱がないと片づかないでしょう。そこへ入れておけば部屋がきれいになっている。もともとのクズも経営者の夢のクズかもしれないけれども、とにかく、そういう仕事ですね」

見るからに華奢な三澤がこう言うと、少しも皮肉っぽく聞こえない。

これも、三澤が学生時代に、ほとんど三途の川を渡りかけたほどの大病をして、ある種のサトリを開いているからだろう。精力的な経営者に見られるあのギラギラした感じがないのだ。

三澤は日大工学部四年のとき、結核にかかり一年半の病院生活を送った。

「みんな友達は就職していくし、うらやましかったですよ。こちらは枕もとで親が、あと何日もつかなどとヒソヒソ話しているような状態。急性の結核で、息をするたびに吐血するんです。足から輸血するのと口から出るのとどっちが多いか。あとで聞いたら、人間の血液の二倍を輸血したそうです。全部血が入れ替わったわけで、これで私はまともな人間になったんでしょうね」

死線を越えた三澤の話は、ときに落語よりオモシロイ。そのジョークめいた話のなかにホンネがきらめくのだが、

「履歴書に失敗欄がほしい」

という話も興味深かった。

成功ばかりしてきた人は、逆に危なくて仕事を任せられないというのである。

そんな三澤千代治は、本田宗一郎と井深大を大尊敬していた。

第六章　チェックシステムの不在

自分で自分を社長に選ぶ取締役会というしくみ

よく役所の人たちは、「民間企業の人間は、役所と違って、揉まれている」という言い方をするが、日本の経営者というのは揉まれていない。ここにも認識の違いがある。なぜかと言えば、日本の社長（あるいは会長）は自分で自分を選ぶからだ。自分で自分を選ぶというのはどういうことかというと、実力社長なり、実力会長なりが自分のイエスマンを取締役にし、その取締役会で取締役の互選によって自分が社長に選ばれるからである。

本来、代表取締役だろうが、平の取締役だろうが、取締役会を構成する取締役は対等であるはずである。だが、選ぶ者と選ばれる者は対等にはなりえない。社長に一番近い取締役にほかの取締役は絶対服従するのである。取締役の任期はたいてい一期二年と、身分が不安定だから、もし社長選任に反対でもしたら、「おまえは再任しない。一期二年でおしまい」と言われてしまう。いわゆる平取締役は意外に社員よりも立場が弱いのである。むしろ社員の方が、たとえ御用組合であったとしても、理由なくクビにはされることはない。だから、取締役会というしくみはチェック機能を果たしていない。

日本の社長は自分で自分を選ぶから、自分でやめると言わない限り、何をやっても責任をとらなくていいのである。日本の会社は、入社時点から社員の多くが取締役を、あるいは社長をめざすわけだから、平社員からゴマスリやお追従合戦がはじまっていて、「社長あるいは部長あるいは課長、それは違います」という言葉は、発した途端にもうアウトということになる。これは出世を諦めた人しか言えないセリフなのである。会社は無責任の体系が築かれた、壮大なゴマスリ社会といえる。だから、第一章に示したように、NHK会長の籾井などはもう入社以来五十年近く、「籾井さん、それは違います」という言葉を聞いていない。「違いますよ」という言葉を発する人に出会ったことがない。籾井だけでなくて、日本の経営者がほとんど全部そうなのだ。

社外取締役制度というものを導入する会社も増えてきた。最近、滑稽なのは、社外取締役を二人にするのか、三人にするのかなどとその数を問題にする議論があることである。しかし、それも社長に頼まれて社外取締役になるわけであり、数名の社外取締役ではお飾り的存在になるだけで、取締役会をチェックするまでには至らない。だから、社外取締役といっても社内取締役と同じことである。そうすると、学者とか弁護士とか作家とかが結構な金額をもらって社外取締役に就いている例を見かけるが、これも名誉会長や取締役相談役と同様、会社にとっては余計なカネを出させる人種でしかない。

取締役という選び方が問題なのである。選ばれる人間がイエスマンなら、ぜんぜん意味がない。たとえば消費者推薦とか組合推薦によって選ぶというのはどうだろうかと、私は考えている。あるいは社長を社員の選挙によって選ぶ。

短く終わるのが至上命令の株主総会

日本では、ほとんどの株主総会がいまだに六月末の同じ日に行われている。だから、一斉株主総会といわれる。なぜ同じ日にやるのか。たとえば複数の会社の株をもっている人は一社の株主総会にしか行けないわけだが、そうすることで、総会屋が押し寄せるのをせめて食い止めるという、総会屋全盛時代の名残りなのである。

本来、株主総会というのは株主との対話なのだから、長時間にわたる方がしっかりした会社だといえる。むしろ、徹底して議論するべきなのだ。やましいところが経営陣にないのなら、いくらでも受けて立って、株主たちの質問に答えればいい。

では、なぜ短く済まそうとするかというと、第一章で述べたように、高齢者がトップだからである。スズキの鈴木修はおそらく一時間も我慢していられないだろう。

以前は、よく『タイム』などから、「なぜ株主総会を同じ日にやるのか」というインタビューを受けた。私が「それは総会屋というのが恐ろしいからだ」と答えると、向こうが「エッ」と驚いて、「株主の質問に答えるのが経営者の義務でしょう」と言われた。一斉株主総会の話と京セラの墓の話を聞かれるのが一番困った質問だったが、外国のメディアからそう質問されても、こちらも絶句してしまう。

私は『毎日新聞』の依頼で、二〇一一年六月二十八日に行われた、東日本大震災後はじめての東京電力の株主総会を〝観戦〟したが、報道機関向けの東電本店大会議室の総会中継場は、静かすぎるほど静かだった。

私はまず、貼り出された「撮影、録音、配信につきましてはご遠慮願います」に強烈な違和感をもった。

あれだけの事故を起こし、まだ収束していないというのに、なお閉鎖的な株主総会をやろうというのか。

株主総会は株主相手とはいえ、東電はそもそも存続していいのかという疑問が大きくふくらんでいる。議長を務めた勝俣恒久は最後まで企業人の仮面を脱ぐことはなかった。あるいは仮面が素顔に食い込んで、素顔がなくなっているのかと思った。

勝俣は株主の質問に対して、

「その問題は副社長の武藤に答えさせます」

と言うと、武藤が立って、必ず、

「副社長の武藤です」

と前置きする。

「常務の小森に答えさせます」

と言うと、小森もまた、

「常務の小森です」

と繰り返した。

何度立ってもそう言うのを聞きながら、それは勝俣はじめ、東電の経営陣にとっては企業人のマスクをかぶり直す儀式めいたものだったのかもしれないと思った。

ある株主が、原発から撤退するかどうかについては、訴訟によって役員の責任を問うこともあるから個々人の発言を、と求めたのに、勝俣がそれを却下したのは、一糸乱れぬ企業人として統制したかったからだろう。昔はよかったとか、かつては大物経営者がいたなどとは言いたくないが、たとえば三菱重工の社長だった牧田与一郎は、息子がベトナム戦争反対のプラカードを掲げて父親の会社に押しかけたりしたこともあって、彼らの思想を理解しようとした。〝死の商人〟のおまえがつけているのはこの仮面だ、とドクロの仮面を突きつけられても、無縁の輩《やから》と彼らを一方的に排斥はしなかったのである。

左翼運動の文献をガリ版刷りのビラまでそろえていた東京神田のウニタ書舗の遠藤忠夫店主から聞いた話が忘れられない。

店に外車で乗りつけ、ビシッとした服装をして、ひとりで入ってきたその客は、名刺を出し、

「息子がどうも、こういう方向へ走っているので、参考になる本をいただきたいと思って来ました」

と言って、戦後の学生運動について書かれた本などを何冊か買って行った。

言うまでもなく、その名刺の客は牧田で、当時は確か常務だったが、遠藤店主はあとで、この客が社長になったことを知る。遠藤によれば、一流企業の重役で、息子が学生運動に走り、心配して、ウニタ書舗に〝参考書〟を求めに来た親は牧田だけではないということだった。

この話を父と息子の話に限定すべきではないだろう。反原発の運動を、率直に言ってカネの力で抑えてきた勝俣や歴代の東電経営陣は、たとえば反原発のシンボル的存在だった高木仁三郎の著作を真摯に読んだことがあるか。さまざまな妨害に負けずに反原発の運動を続けてきた市民の声に耳を傾けたことがあるか。株主総会のヤリトリを聞くと、とても、そんな態度は見えなかった。ただただ、数の力で押し切るだけだったからだ。

電力会社に骨抜きにされたメディア

『東田研に聞け』なる東電との合作漫画で原発のPRをし、多額の広告料をもらったであろう〝東電御用達〟の弘兼憲史と違って、同じ漫画家でも、みうらじゅんは東電から四コマ漫画を描いてくれと言われ、それを断ったと告白している。

なぜか？

「僕みたいな奴にたくさんギャラをくれるのは怪しいじゃないですか」

こう言ったというみうらじゅんを私は大好きだが、勝俣恒久にはそれが理解できるだろうか。

とにかく東電の株主総会は内向きに終わろうとしていた。

そして、それをおかしいと思わないメディアの人間が、その総会の本質を見ることなく、パソコンを打つのに必死になって淡々と総会の模様を記録している。その異様さに私は腹立ちを通り越し、呆然としていた。

勝俣の答弁で私が一番腹が立ったのは「計画停電」である。メディアも東電の発表したその言葉をそのまま使ったが、地域独占で供給責任を負う電力会社が軽々に使っていい言葉ではない。独占を放棄するか、社長のクビを差し出さなければ使えない言葉であるはずなのに、メディアも無感覚で使う。東電をはじめとした電力会社に完全に骨抜きにされたメディアには、それも望み過ぎなのだろうか。

日本航空は倒産させ、会社更生法によって再建を図っている。あれだけの事故を起こした東電は、どうして倒産させられないのか。資本主義の社会のはずなのに、突如そうではなくなる日本の縮図を見たような株主総会だった。

午前十時の開会から、およそ六時間。休憩もなく総会は進められ、午後四時少し過ぎに終わった。途中、休憩動議も出たが、なぜ休憩なしでやるのかというと、もし株主総会が長引いて翌日にまたげば、株主にまた招集状を送り直すことになる。それでは手間と金がすごくかかる。だから、何が何でも当日に終わらせようとしたのである。

それで、議長を務めた代表取締役会長の勝俣恒久はじめ、ヒナ段に並んだ経営陣はみんな紙オムツをはいて臨んだといわれる。

それに対抗するには、相当な認識と覚悟がいるだろう。

監査役の限界

会社には、一応、監査役というものもあるのだが、これもチェックシステムとして機能していない。「上がり」の役職といった感じがある。

一流企業にはすべて監査役会がある。まだバブルのころは会社も余裕があったのか、それこそ企業の監査役が集まる総会ともなると、読売ホールを貸し切ったりしていた。一〇〇〇人ぐらいはいただろうか。ホールいっぱいの盛況だったと記憶している。

私はそこで講演を頼まれた。

講演がはじまる前に楽屋に事務局の人が来て、『月刊監査役』という雑誌を私に見せて、「毎年、総会の講演はこれに掲載しますからご了承ください」と言う。「あ、いいですよ」という会話をやりとりして講演に向かった。

私の講演の場合は、具体的に新日鐵住金とかソニーとか、企業名を出して批判したり、まれに褒めたりする。そうすると、批判された企業の監査役は当然、会場にいて私の話を聞くことになる。

講演後、楽屋に事務局の人が血相を変えてとんできた。

「さっきのことはなかったことにしてください」

「あ、いいですよ」

それで終わったと思ったら、三年後にまた講演依頼が来た。やはり批判は必要だと思い、私を講演に呼びたいという変わり種がきっといるのだろう。

そのとき私は、大丈夫かとその担当者に聞いた。私も気になったので、「三年前に来たときに、掲載するとかしないとかいう話がありましたが、今度はどうなりますか」と言ったら、満場が笑っていたけれども、やはり月刊誌に載ることはなかった。

これが図らずも監査役の限界を示している。

批判というのは名指しの批判でなければ意味がない。批判するには相手との距離がとれていなければならない。本来、会社を「監査」するべき人がそういう批判を自分たちの雑誌『月刊監査役』に掲載できないということは、批判する権限が与えられていないことを意味する。監査役も取締役と同じで、社長に指名されて就任するわけだから、そんな人が本当に会社を「監査」できるとは到底思えない。

やはり、監査役というのも飾り物なのである。

労働史上に残る東電労組委員長の発言

私は東京電力労働組合の委員長、新井行夫を「経営者以上に保守的」と批判した。

脱原発などとんでもないと考える新井は先年、中部電力労働組合の大会で来賓として挨拶し、

「裏切った民主党議員には、報いをこうむってもらう」

と発言した。つまり、脱原発の候補は選挙では推薦しない、と脅したわけである。

そう言われても、何も反論しない野田佳彦や前原誠司、あるいは仙谷由人《せんごくよしと》らの腰抜けぶりには、いまさら驚かないが、新井をトップとする労働組合の〝社畜ぶり〟には、そこまで狂っているのかと唖然としてしまう。

関西電力労組委員長だった参議院議員の藤原正司《まさし》が、東日本大震災後、

「半年も経てば、世論も変わるわ。日本は農林水産業だけでは食べていけない。震災後、原発を減らせという評論家が増えたが、産業・経済はどうなる。お父ちゃんの仕事がなくなってもええんだったら検討しましょうよ」

と居直っているから、民主党の議員の時代錯誤は、あるいは、自民党以上なのかもしれない。

会社に飼われている〝社畜〟の新井は、それでいて、民主党の議員を飼っているつもりなのだろう。そうでなければ、「報いを」などという高飛車な言い方はできない。「値上げは権利」と言い放った高慢な経営者と好一対ならぬ醜一対の労組委員長である。

ところで、新井は、水俣病のチッソ労働組合が出した「恥宣言」を知っているだろうか。

水俣病を惹き起こしたチッソでは、一時、四〇〇〇人以上の人が働いていた。彼らは工場で日常的に化学物質を浴び、帰ってはメチル水銀に汚染されていた魚を食べていたにもかかわらず、水俣病を他人事として、それを問題にしようとする患者や漁民、そして市民

と対立した。

しかし、それが長期的に見た場合、会社のためになるのか。

一九六二年の大争議を経て、そうではないと考えたチッソの労働組合は、翌年夏、工場内で行われていた水俣病に関する秘密ネコ実験の公表を会社に迫り、一九七〇年春には、「水俣病を自らの問題として取り組んでこなかったことを恥とする」という「恥宣言」を出して、加害企業の労働組合としてははじめての八時間の公害反対ストを決行した。

この労働組合はまもなくなってしまったが、水俣病を告発した医師の原田正純は、「しかし、このチッソの労働者の行為はわが国の労働史上に長く残るであろう」と称賛している。

ただ、残念ながら、この組合の「恥宣言」的考えは主流とはならず、不況下で連合（日本労働組合総連合会）はまったく逆の方向に歩き出してしまった。

新井の「報い」発言は、「恥宣言」どころか、大恥の脅しとして「わが国の労働史上に長く残る」ことになるだろう。

大鵬薬品という会社がある。一九八一年当時、同社は慢性関節リウマチ等の治療薬として、ダニロンの販売を厚生省（現厚生労働省）に申請した。しかし、このとき、発ガン性に関するデータが隠された。

それに危機感をもった研究者たちが七人で労働組合を結成し、「自由にものが言える職場環境の改善とダニロンの製造販売中止、情報公開」を求めたが、会社は不当労働行為を繰り返し、委員長は懲戒処分まで受けた。しかし、支援の輪が広がり、一九九一年に会社は労組の要求を全面的に受け入れて和解したのである。

これが労組の存在意義なのではないか。

残念ながら、日本では労働組合が労働者のための組合になっていない。特に銀行の労働組合は企業内組合、御用組合だから、労組の委員長になることが出世の条件になっていて、将来、頭取になる例というのが少なくない。だから、労働組合が会社の利益を守って市民に対峙するという、非常に不幸な形が多く見られる。

私は「自治労と日教組は連合から早く抜けろ」と言っている。なぜなら、彼らが連合にいる限り、原発を認めていることになるからである。しかし、彼らは連合から抜けられない。

労働組合に呼ばれた講演と経営者に呼ばれた講演とどちらの聴衆の方がやかましいと思うだろうか。

答えは労働組合の方である。講演中に平気で大声でしゃべったりするから、「こら！人を呼んでおいて何だ」と怒ったことが何度もある。労組に呼ばれたときの聴衆は真面目に聴く気がない。それは労働組合と経営者の違いに起因するのだろう。

経営者には、良かれ悪しかれ、時代や業界の変化に対応しなければ生きていけないという危機感が常にある。社長自身も変わらなければいけないと感じている。だから、変わるきっかけをつかもうと思って必死に私の講演を聴く。

一方、労働組合の幹部は威張っているのが多い。そして、社会に対する感度が鈍い。会社が潰れたら困る、あるいは会社の分け前にあずかるということで、経営者以上に保守的で防衛意識が強いのである。つまり、自分たちが変わろうなどという意識は微塵もない。だから、「おまえらは経営者よりも危機感がないからダメだ」と私は批判している。

「苦情こそ宝」と言った樋口廣太郎

決して多くはないが、批判を尊重する賢明な経営者というのはいる。叩かれたらスポンサーを降りるとか発言する〝横車屋〟ばかりではないのである。

たとえばアサヒビールを見事に再建した樋口廣太郎は、社長時代、「苦情大好き」と言って、かかってきた電話はすべて記録させ、こちらから、「こんにちは」と電話をかけた。まさか、社長自ら電話をかけてくるとは思わないので、

「ホンマに、あんた社長なの？」

と疑われたこともあったという。

私との対談で、樋口は、

「苦情というのは成長のもとですよ。やっぱり刺激受けるから、非常にありがたいと私は思う」

と言い、

「わざわざ電話をよこすというのは、かなりしつこい人でしょう」

と尋ねると、

「そういうの、大好きなの」

と笑っていた。

それで私は脱帽したが、苦情をある種の宝として大切にしたことが、アサヒビールの奇跡の急成長の秘密だったことは容易に想像がつく。

欠陥車やファンヒーターの事故にしても、苦情は当然メーカーに寄せられていたはずで、それにていねいに対応しなかったことが問題を大きくしたのではないか。

樋口は、大方の財界人からは毛嫌いされる私などに対しても壁をつくらず、自分が主宰するフォーラムの講演会に招いて、私を「あらまほしき評論家の一人」などと紹介していた。思わず私は、

「本気ですか」

と問い返したほどである。

「いや、ホンマ、ホンマ」

と樋口は強調していたが、苦情とか批判に対する樋口のスタンスこそ、経営者にとって「あらまほしき」ものだろう。

私もまだあまり知らなかったとき、ある雑誌で批判したら、樋口は私の自宅に直接電話をかけてきた。私の経験では、自らがストレートに釈明の電話をかけてきたのは、樋口と富士ゼロックスの会長だった小林陽太郎だけである。まわりくどい形で接触を図ってきたり、媒体に圧力をかけて私の連載を潰そうとしたりする経営者が多いなかで、この二人の印象は強く、すがすがしい。

樋口は、主婦連など、消費者団体から何か言ってくると、待ってましたとばかりに自分から出かけた。

「そうすると、不思議そうな顔をして、会長、副会長が出てこられる。弁護士も出てくるわけですよ。それで、ここへ来る人なんていないんだけど、あんたみたいに、言うたらすぐに来る人ははじめてだと。

僕はここへ来るのが楽しい、面白いというわけだ。そうすると、弁護士さんがいろいろと言うから、あなた方から呼ばれてないから黙っててくださいと。それで僕は会長さん、副会長さん、みんな仲良しになっちゃう、すぐ」

こう樋口は述懐していた。ちなみに、樋口と私の対談は『味の手帖』の一九九七年五月号に載っている。そのとき樋口は、私の勲章批判に応えて、迷っていたけれども勲章を辞退することに決めた、と言った。

私は半信半疑でいたが、その後、樋口が座長をやっていた「日本未来フォーラム」で叙勲の廃止を提言したので、改めて拍手した。勲章辞退を貫いたから、右翼に街宣をかけられたりもしている。

先年亡くなった樋口と、京都大学のキリスト教研究会で一緒だったのが、元長崎市長の本島等である。

欧米における市民の企業チェック

一時、盛んだった消費者運動というのは、いまは下火になっている。たとえばスイスは多少高くても国産の農産物を買いましょうという運動が根づいているというが、日本の消費者の関心が値段の安さだけに矮小化しているのは寂しい。

アメリカでは企業の活動をチェックする、次のような運動がある。

CEP（カウンシル・オン・エコノミック・プライオリティ・イン・コーポレーション）という公共調査機関が出している『ショッピング・フォアラ・ベター・ワールド』という本は、各企業をその社会的貢献度でチェックして、それを満たしていない企業に対しては手紙を出したり製品をボイコットしたりする、逆に、社会貢献度の高い企業なら一割程度値段が高くてもその製品を買おうという運動で、この本が五〇万部とか七〇万部とか売れているという。

アメリカの市民の考える「よい会社」の条件はどのようなものか。

・企業所得の何％を地域に還元しているかという寄付貢献度
・女性を管理職に採用しているかという昇進度
・白人以外の少数民族の社内昇進度
・軍事産業との関わりの度合い
・実験動物を少なくしようとしているかという動物愛護度
・企業の内部情報をきちんと公開しているかという公開度
・低所得者層向けの住宅建設など地域への社会教育的貢献度
・原子力発電への関与度
・アパルトヘイトをとっていた南アフリカ共和国との関係

・製品のリサイクルなど環境保護への貢献度
・育児休暇など社員への貢献度

以上の一一項目についてアメリカの企業は市民からチェックを受け、それをクリアしながら経営をしている。企業というのは社会によって育まれるものだから、社会がなければ存続しえない。企業が社会とどのように関わっているかということも、会社を見る大きなポイントである。

最近では、グローバル企業が税金を払っていないことを糾弾するNGOなどの団体も出てきた。『日本経済新聞』(二〇一二年十二月七日付電子版)によれば、スターバックスが一三年から二年にわたり二〇〇〇万ポンド(約二六億円)の法人税を「利益に関係なく」「法の求めを超えて」(同社)支払うことで英当局と合意したという。スターバックスがイギリスにまったく税金を払っていないことが発覚して、イギリスの消費者の怒りを買ったのが原因となった。イギリスには企業の税逃れを批判する「アンカット」という団体があり、スターバックスの店舗で座り込みを行うと主張するなど、消費者にボイコットの動きが出ていることを危惧して、スターバックスは税金の支払いを決断したという。

いまの日本ではこういう話は聞かないが、過去には、市川房枝などが政治献金をやっている銀行に対して、一円預金運動というのをやったことがある。また、東京電力に献金廃止を迫って料金不払い運動をしたことがある。

安さがうけているユニクロの商品は発展途上国の低賃金労働によって製品化されているが、そういう問題はなかなか注目されない。あるいは、欧米の例ではあるが、軍需産業に金を貸している銀行には預金しない運動というのもある。

「どんなに安くても社会にとってよくない」商品は買わないなど、企業の中身、製品の中身に立ち入って、消費者が行動を起こすという運動が企業を変えていくだろう。

勲章拒否の経営者の系譜

さまざまなチェックシステムが機能していないなかにあって、皮肉な意味でチェックになっているのが、勲章である。

一般的に七〇歳になると勲章をもらえる。そのことがある年齢以上の社長たちの頭の半分以上を占めている。勲章をもらいたくてしかたがないのである。より上の勲章をもらうためには、より上の公職に就かなければならない。だから、業界団体の長とか、財界の長の椅子がほしい。しかし、業界団体や財界の長には簡単になることはできない。時間がかかる。それで、会社にしがみつくという老害がさらに進む。

勲章は担当官庁が申請するという形式をとるから、電力なら経済産業省、銀行なら財務省というその会社の担当官庁に対する根回しからはじまる。そして、なるだけ上位の勲章をもらえるようにするために、政治家に働きかける。こうした根回しに秘書室が一、二年も没頭するという。時間だけでなく、政治献金など金もかかるだろう。

私は、もちろん、勲章制度に反対だが、一つだけ、勲章にはいい点がある。勲章というのは横領、背任など会社の人間が犯罪をすればもらえない。会社が赤字を続けていてももらえない。カルテルに違反して公正取引委員会から告発されてももらえなくなる。そうすると、勲章をもらいたいから社長たちが行儀よくするのである。それで、勲章が企業犯罪や汚職を引き起こさないという歯止めになる。弁護士の堀田力に対談でこの話をしたら、「勲章連座制というのはいいですね」と大いにウケた。

たとえば総会屋に金を渡して総務部長が捕まったら、社長は勲章をもらえないとするのが企業に対するチェック機能としては一番効果的ではないか。

社長にとって勲章がもらえなくなるというのはかなり怖い話なのである。

ところで、城山三郎が好きな経営者には勲章拒否の人たちが多い。

たとえば『粗にして野だが卑ではない』(文春文庫)の石田礼助、『運を天に任すなんて』(光文社)の中山素平《そへい》である。ここでは明治人の土性骨を示す話をしよう。

〝財界の鞍馬天狗〟の異名をもつ中山素平の「勲章もらわざるの弁」が月刊誌『選択』に

載ったことがある。

「勲章が特にいやというんじゃなくて、形式というものが嫌いなの。役所は形式が先だが、ぼくらは実をあげなきゃならない。人間の値打ちを役所にきめられるのは抵抗がある」

私は勲章のことを〝老人のワッペン〟と呼んでいるが、ほかに勲章を拒否し通した財界人としては、日清紡の師弟コンビ、宮島清次郎と桜田武が有名である。

より上位の勲章がもらいたくて経営者があさましく工作する例は数多い。それも自分で動くのではなく、部下に工作させるわけだが、その点、宮島と桜田は実にすがすがしい。中山素平を含めて、決して多くはないこうした人たちに共通するのは、若々しい「精神のダンディズム」である。

吉田茂の盟友でもあった宮島は、経団連、同友会、日経連の財界三団体が事務所を置いていた丸の内の日本工業倶楽部（同友会と日経連のそれはいまもある）の理事長を、一九四七年一月から十六年八カ月の長きにわたってやったが、財界のさまざまな会合がもたれたこの倶楽部には、当時、冷房はもちろん、洗面所に給湯設備もなかった。主事の山根銀一がこれに対する会員の苦情を取り次ぐと、宮島はこう言ったという。

「冷房がないと夏に会議ができないような経営者は第一線を退いてもらえ。手なんか洗うのに湯がなくては冬が越せないような老人は、とても企業の厳しさには堪えられまいから、遠慮なくやめてもらえ」

この厳しさが、勲章などというものを拒否させたのだろう。

「男の一生をかけた仕事に、官僚から勲何等なんて等級をつけられてたまるか」

という気持ちからだった。

宮島の話が城山三郎との対談のなかで出たことを思い出す。『週刊東洋経済』（一九九一年六月八日号）誌上で行われたその部分はこうだった。

佐高　例えば宮島清次郎さん。日本工業倶楽部の理事長をやっていた時、ビルの屋上にゴルフの練習場をつくろうという案が出た。すると宮島さんは、白昼、棒振りのまねをしてどうするんだ、それを労働者が見たら何と思うか考えろ、ときちっと言った。

城山　だれも見ていなくとも天知る地知るということだろうね。やはり何かをおそれなくちゃね。

佐高　勲章なんかでも、あなたがもらわないと周りの人が困るとか、次の人が困るとか言われて、大抵そこで妥協しますね。しかし宮島さんは退職金まで辞退した。桜田武が、宮島さんに受け取らせる名目でしょうけど、私はあんたと違って退職金をとる、そのとき困るからと言ったら、おまえがやめるときまでおれは生きている、ちゃんと退職金をたくさんとれるようにしてやるからと言った。その辺の貫き方がちがう。

城山　名利に弱いと言うけど、やっぱり両方とも欲しいのが人間だものね。勲章も欲しいし、退職金も欲しい。

佐高　総評議長だった太田薫さんが言っている言葉が私は本当だと思うんです。そこら辺を今のとりわけ経営者たちは間違えているんじゃないか。太田さんは、日本の経済の成長は全部資本家がやったように言われるのが一番しゃくに触るんだ、冗談じゃない、高度成長を支えたのは我々労働者と技術者ですよと言う。これだと思うんですね。そういうことに対する理解というか、あるいは感謝というのが、経営者の方になきゃならないと思うんだけれども、それがとりわけ最近ない。

城山　本田宗一郎さんの右手左手論だよね。ハンマーを叩くと右手だけがめだつと言う。だが、左手が受けているからこそ、ハンマーは叩ける。そして傷するのは全部左手。右手はまったく傷しない。本田さんの左手、傷だらけでしょう。経営者というのは会社の中では左手を見なくちゃいけないよと言うんですね。それはそうだよね。リードしている人だけめだつけど、実際それを受け止めてあげている人がいる。本田さんはそういう点は見るところを見ている。偉い人だと思うね。

そんな城山自身も勲章を拒否した人だった。

それを断る理由を妻に聞かれて、はじめ城山は、

「どうしてだって。野垂れ死にこそ物書きの勲章というじゃないか、国家にあれこれ……」

と答えがまとまらなかった。そして、そんなこともわからないのか、見損なったと妻に言ってしまって城山は後悔する。

勲章の打診があったときの様子は、「勲章について」というエッセイ（『支店長の曲がり角』講談社文庫、所収）で知っていたが、城山が人の受勲に怒ったことは知らなかった。それを教えてくれたのは、加藤仁の『城山三郎伝　筆に限りなし』（講談社）である。城山三郎のことは誰よりも知っていると自負していた私を脱帽させたと、『佐高信の百人百話』（平凡社）のなかで書いた。

城山は勲章の打診があったとき、妻に、「俺には国家というものが、最後のところで信じられない」と言って拒否したのだが、それを、長く続けた読書会の仲間の国立大学名誉教授が受けたと知って、怒った。

「そんなのもらって、うれしいのか」

「汚ねぇぞ」

「恥を知れよ」

あの城山がここまで毒づいたとは、私はまったく知らなかった。

それだけ、軍隊経験を経て〝裏切られた皇国少年〟としての城山の傷は深かったということだろうが、まさに硬骨漢の城山を伝えて余りある逸話である。

私は経営者主催の講演会では、「勲章というのはもらった人より、拒否した人に偉い人がいるのだ」と話している。

おわりに

日本の会社のあまりの「変わらなさ」にこの本を書いたが、私は三十余年前に出した『ザ・日本カンパニー』（廣済堂）で、「優良企業（エクセレント・カンパニー）になるための七つの提言」をした。しかし、残念ながら、このどれも実現されていない。改めて挙げて現在に適用するように解説していこう。

㈠世襲経営をやめよ

トヨタのように豊田家の人間が社長になることに多くの人が疑問をもたない。それがどんな弊害を生むかについては詳述したが、たとえば東京ガスのような公益企業でも、一時、安西一族が社長の座を世襲していた。私が、日本の会社は封建社会の藩と同じだという理由である。

㈡ハイブリッド経営の推進

いわゆる「生え抜き」にこだわるのではなく、途中入社の社員などを活用して、異種混合の雑種《ハイブリッド》経営を推進することである。〝純粋培養〟は愚の骨頂だろう。

一時期のソニーやホンダはハイブリッドの典型だった。

㈢　役員定年制の確立

ある会社で、社長、会長を経験した取締役相談役が亡くなった時、盛大な葬儀をやった。ある総務部員が、

「(老害だったのだから)そんなにまでしなくとも」

と言ったら、部長はこう言ったとか。

「生きていられて、報酬はもちろん、政治献金のあっせんなど、いろいろカネを使われることを考えたら、赤飯を炊いてお祝いしたいくらいだ」

これについては、六六歳で元気なのに、社長をやめた住友金属鉱山の藤崎章の言葉が忘れられない。

「よく社長の座にいつまでもしがみつく人がいますね。そういう人に限って、経営者としての声価は低い。さっさとやめていれば、『中興の祖』などと誉められたかもしれないが、永々居坐ったために社業の衰退を招き、ボロクソに言われている。つまらぬことです。

社長を永くやると、当たり前ですが、まず年をとる。年をとればボケてきます。しかし現代の社長は外国為替、コンピュータ、新技術といろいろな分野で高度に専門的な判断を

迫られます。知力も気力も充実したテクノクラートでないと務まらないのです。社長業を永い間楽しんでやる人がいるとすれば、それは働いていない証拠です。そんな人の率いる会社が左前になっても不思議はありません。

このボケの問題にもまして深刻なのは、古い考えの経営者が居坐ると、社員の自由な発想を阻みがちなことです。特に環境変化に対応して企業が変身を図らねばならないような局面では、それは致命的な問題となりかねません」

『日経ビジネス』一九八四年一月二十三日号での発言だが、役員会で藤崎に反対する者がいなくなり、「自分の存在自体がプレッシャーになっている」ことを感じて藤崎は社長をやめたのだった。

㈣ 社宅をやめよ

本田宗一郎も言ったように、社員を二十四時間会社に縛りつけることになる社宅をつくるべきではない。社宅とはまさに〝格子なき牢獄〟だからである。

㈤ 生活感覚を生かせ

クロネコヤマトの宅急便のように需要は生活の中から生まれる。また、生活と生産を分離していなければ、公害という名の企業害も簡単には発生しないのである。

バクチのような金融商品も、生活感覚を忘れたところから生まれるのだろう。

㈥分権性を採用せよ

果たして、大きいことはいいことなのだろうか？　分権性を分社化と言ってもいいが、いたずらに規模の拡大を図っていないか？

㈦社員を人間として扱え

日本航空の社員だった作家の深田祐介は、『昨今日本白書』（新潮文庫）で、「情けなや新入社員教育」と題して、こう書いている。

「学生にショック療法を試みる企業の教育担当者の態度は、どこかインテリと学生を信用しなかった旧陸軍のそれに似ていはすまいか。逆説的にいえば、昔の軍隊とおなじようなショック療法をほどこさねば、精神健全な学生は入ってこられないほど、今の企業はゆがんだ、精神病院のような場所だ、とでもいうのだろうか」

みそぎ研修やマラソンをさせれば、簡単に「やる気」を起こしてくれるほど、今の学生は甘くないのではないか、と深田は言い、

「なぜ学生を一人前の人間として遇し、彼らにスペシャリストたる業務知識を植えつけ、新しい『ビジネス文化』を教えこむ、という態度がとれないのか」

と嘆きながら、

「いつまでもこんな新人教育をやっていると、必ず近い将来に、外国からまたまた商業帝

国主義国家と指弾される種になるだろう」

と憂えていた。

巻末の「新古典」の一冊に挙げたが、『就活のバカヤロー』という本がある。企業の入口で、すでにそう叫びたくなるほど、学生は現在も不信の種を植えつけられている。彼らは「そんなに会社はエライのか」と叫びたい気持ちだろう。

「会社は何のためにあるのか」、あるいは「会社は誰のものか」という古くて新しい問題意識から、私はこの本を書いた。少しでも会社改革の役に立てば嬉しい。

佐高　信

二〇一六年二月十日

企業と企業人論の新古典50冊

①日経ビジネス編『良い会社』（新潮文庫）
皮肉な意味で日本企業の実態を表す。
②奥村宏ほか『企業探検』（現代教養文庫）
闇をえぐって日本の企業を震撼させた。
③鎌田慧『自動車絶望工場』（講談社文庫）
季節工として知った世界のトヨタの労働現場。
④立石泰則『松下幸之助の昭和史』（七つ森書館）
PHP教の幸之助神話を裸にする。
⑤立石泰則『さよなら！僕らのソニー』（文春新書）
ソニーはなぜソニーでなくなったのか？
⑥斎藤貴男『虚飾の経営者 稲盛和夫』（金曜日）
ヒトラーを敬愛する京セラの稲盛和夫批判。
⑦伊藤正孝『欠陥車と企業犯罪』（現代教養文庫）
国家がトヨタらの不正義に加担した事件。
⑧読売社会部清武班『会長はなぜ自殺したか』（七つ森書館）
第一勧業銀行に総会屋が巣食っていた！
⑨清武英利『しんがり』（講談社＋α文庫）
山一證券の最期を看取った者たち。
⑩NHK取材班『ある総合商社の挫折』（現代教養文庫）
老舗商社の安宅産業はなぜ破綻したか？
⑪中川一徳『メディアの支配者』（講談社文庫）
『産経』さえ批判したフジテレビの腐蝕の構造。
⑫大塚将司『日経新聞の黒い霧』（講談社）
その腐敗を内部告発した著者は懲戒解雇された。
⑬内橋克人『匠の時代』（講談社文庫）

経営ジャーナリズムを覚醒させた技術者の物語。
⑭内橋克人『共生の大地』（岩波新書）
生産を生活の方から考える根源的な本。
⑮黒井千次『働くということ』（講談社現代新書）
会社に入って学生時代と何が変わるのか。
⑯井深大『わが友 本田宗一郎』（ごま書房）
共に人マネが大嫌いだったソニーとホンダの創業者。
⑰吉武輝子『夫と妻の定年人生学』（海竜社）
自殺してしまった三菱銀行の元支店長。
⑱八木光恵『さよならも言わないで』（双葉社）
四三歳の夫に過労死された妻の手記。
⑲浅川純『わが社のつむじ風』（新潮文庫）
〝企業ぐるみ選挙〟は果たしてなくなったのか。
⑳城山三郎『小説 日本銀行』（角川文庫）
『エコノミスト』連載中に日銀から圧力がかかった小説。
㉑山崎豊子『華麗なる一族』（新潮文庫）
銀行頭取のケタ外れの悪さを描く。
㉒五味川純平『戦争と人間』（光文社文庫）
これぞスケールの大きい経済小説だ！
㉓宇沢弘文『自動車の社会的費用』（岩波新書）
自動車は道路が整備されていなければ走れない。
㉔原田正純『水俣病』（岩波新書）
公害という企業害に一人の医師が挑んだ。
㉕佐々木実『市場と権力』（講談社）
竹中平蔵がどんなに日本を歪めたか！
㉖有森隆『日銀エリートの「挫折と転落」』（講談社）
竹中平蔵の弟分の木村剛の転落の軌跡。
㉗森功『サラリーマン政商』（講談社）
新自由主義のボス、宮内義彦を糾弾する。
㉘森功『平成経済事件の怪物たち』（文春新書）
リクルートの江副や武富士の武井などなど……。
㉙山口義正『サムライと愚か者 暗闘オリンパス事件』（講談社）

内部告発で明るみに出たオリンパスの闇。

㉚古川琢也ほか『セブンイレブンの正体』（金曜日）

店主たちはなぜ、何を訴えたのか？

㉛横田一ほか『トヨタの正体』（金曜日）

新聞などが書けないトヨタの実態を暴く。

㉜大下英治『小説 電通』（徳間文庫）

巨大広告代理店はメディアをどう支配しているか。

㉝マリー・モニク・ロバン『モンサント』（作品社）

遺伝子組み換えの巨大企業が世界を支配する。

㉞石渡嶺司ほか『就活のバカヤロー』（光文社新書）

不況が続いて会社はますます居丈高になっている。

㉟加藤仁『おお、定年』（文春文庫）

「会社に定年があっても、人生には定年がない」と。

㊱ムハンマッド・ライース『外人課長が見たニッポン株式会社』（PHP文庫）

日本語ペラペラで納豆が好きな著者の眼に……。

㊲清水ちなみ他『OL500人委員会 おじさん改造講座』（文春文庫）

宴会でやたらと触りたがるのは部長でなく「撫長」。

㊳佐藤卓己『天下無敵のメディア人間』（新潮選書）

『実業の世界』の野依秀市の人生をたどる。

㊴森健『小倉昌男 祈りと経営』（小学館）

宅急便の創始者は家庭では苦しんでいた。

㊵山藤章二ほか『平成サラリーマン川柳傑作選』シリーズ（講談社＋α文庫）

「社宅では犬も肩書き外せない」などなど。

㊶D・ハルバースタム『覇者の驕り』（新潮文庫）

アメリカと日本の自動車産業はなぜ逆転したか。

㊷A・アレッツハウザー『ザ・ハウス・オブ・ノムラ』（新潮文庫）

損失補填発覚前、野村證券は原著を訴えたが……。

㊸**スタッズ・ターケル『仕事!』**（晶文社）
一〇〇余名の人間が自分の仕事について語っている。

㊹**広瀬隆、明石昇二郎『原発の闇を暴く』**（集英社新書）
原発利権によって歪められた日本と日本人。

㊺**小出裕章、佐高信『原発と日本人』**（角川oneテーマ21）
反原発を貫いた小出こそ学者の中の学者。

㊻**寺島実郎、佐高信『この国はどこで間違えたのか』**（光文社知恵の森文庫）
虚業でなく実業の思想に立つ寺島の日本論。

㊼**内橋克人、佐高信『「日本株式会社」批判』**（現代教養文庫）
批判精神を失わないジャーナリストの具体的批判と提言。

㊽**佐高信『原発文化人50人斬り』**（光文社知恵の森文庫）
ビートたけしや弘兼憲史など利権のおこぼれをもらう者たち。

㊾**佐高信『日本の権力人脈』**（七つ森書館）
誰がこの国を支配しているのか?

㊿**佐高信『逆命利君』**（講談社文庫、岩波現代文庫）
最後に多くの熱狂的読者を獲得した拙著を。

〈本書に登場する主な企業一覧〉

東芝	KDD	出光興産
ソニー	パナソニック	関西電力
本田技研	日本電気	オリンパス
NHK	京セラ	セブン-イレブン・ジャパン
三井物産	日本航空	引越社
日本ユニシス	全日空	ヤマダ電機
大塚家具	西武鉄道	たかの友梨ビューティクリニック
安宅産業	NTT	
三越	日立製作所	ワタミ
トヨタ自動車	コカ・コーラ	ゼンショーホールディングス
新日鐵住金	東レ	ユニクロ
トヨタホーム	宇部興産	日産自動車
ミサワホーム	三菱マテリアル	JR東海
三菱東京UFJ銀行	丸紅	富士フイルム
ブリヂストン	三菱電機	三井住友銀行
電通	日本IBM	ダイエー
JR西日本	富士通	北洋銀行
三菱化学	すかいらーく	ヤマト運輸
東京電力	三菱重工	スズキ
三菱自動車	キリンビール	中部電力
リクルート	アサヒビール	大鵬薬品
佐川急便	サントリー	富士ゼロックス
野村證券	明治安田生命	東京ガス
日本経済新聞社	伊藤忠商事	フジテレビ
みずほ銀行	住友不動産	日本銀行

【著者】
佐高信（さたか まこと）
1945年山形県生まれ。評論家。慶應義塾大学法学部卒業。高校教師、経済誌編集長を経て執筆活動に入る。「週刊金曜日」編集委員も務める。著書に『逆命利君』『魯迅烈読』（以上、岩波現代文庫）、『社長のモラル——日本企業の罪と罰』『石原莞爾 その虚飾』（以上、講談社文庫）、『西郷隆盛伝説』（光文社知恵の森文庫）、『城山三郎の昭和』（角川文庫）、『未完の敗者 田中角栄』（光文社）、小林節氏との共著『安倍「壊憲」を撃つ』（平凡社新書）など多数。メールマガジン「まぐまぐ」で「佐高信の筆刀両断」を配信中。

平凡社新書809

人間が幸福になれない日本の会社

発行日——2016年4月15日　初版第1刷

著者———佐高信

発行者——西田裕一

発行所——株式会社平凡社
東京都千代田区神田神保町3-29　〒101-0051
電話　東京（03）3230-6580［編集］
東京（03）3230-6572［営業］
振替　00180-0-29639

印刷・製本—株式会社東京印書館

装幀———菊地信義

ISBN978-4-582-85809-9
NDC 分類番号366　新書判（17.2cm）　総ページ272
平凡社ホームページ　http://www.heibonsha.co.jp/